阅读成就思想……

Read to Achieve

教育有方系列

让孩子成为独一无二的自己

罗静 ◎ 著

中国人民大学出版社
·北京·

图书在版编目（CIP）数据

让孩子成为独一无二的自己 / 罗静著. -- 北京：中国人民大学出版社，2021.9
ISBN 978-7-300-29771-2

Ⅰ. ①让… Ⅱ. ①罗… Ⅲ. ①儿童教育 Ⅳ. ①G61

中国版本图书馆CIP数据核字(2021)第168520号

让孩子成为独一无二的自己
罗静 著
Rang Haizi Chengwei Duyiwuer de Ziji

出版发行	中国人民大学出版社
社　　址	北京中关村大街 31 号　　　　邮政编码　100080
电　　话	010-62511242（总编室）　　　010-62511770（质管部）
	010-82501766（邮购部）　　　010-62514148（门市部）
	010-62515195（发行公司）　　010-62515275（盗版举报）
网　　址	http://www.crup.com.cn
经　　销	新华书店
印　　刷	天津中印联印务有限公司
规　　格	148mm×210mm　32 开本　　　版　次　2021 年 9 月第 1 版
印　　张	6.5　插页 1　　　　　　　　　印　次　2021 年 9 月第 1 次印刷
字　　数	128 000　　　　　　　　　　　定　价　59.00 元

版权所有　　侵权必究　　印装差错　　负责调换

推荐序

张侃

中国科学院心理研究所前所长、博士研究生导师

国际心理科学联合会副主席、中国心理学会常务理事

有机会提前看到罗静博士的新著《让孩子成为独一无二的自己》，顿时眼前一亮，立即从头到尾看了一遍，觉得这正是一本很多人，特别是年轻的父母、准父母需要的书。

如何培养好孩子，已经成为当今社会最热门的话题，也是很多家长的难题。如何帮助家长解决这个问题，各方专家提出了很多建议，推出了很多课程。但是，这个问题仍然困扰着非常多的家长和孩子本人。作者罗静独辟蹊径，提出让每个孩子成为独一无二的自己，不仅继承了我国几千年来树人成才的智慧，更是她扎根于心理学科学研究的结果。因此，本书具有很强的科学性和实用性。

罗静博士从事心理学研究已经25年，她从人的气质和性格，这两个本质因素出发，环环相扣地发展到家庭教育和教学方法，为广大家长展示了一幅以科学为背景的，可以很好体验与采用的系统性的理论和方法蓝图。采取这套方法，可以让家长从孩子的婴儿期

就观察并注意孩子的气质特点，进而有针对性地对孩子展开扣好人生最初的纽扣和应对各种环境条件的养育，从而使得孩子健康顺利地发育、发展、成长、成才。

特别难能可贵的是，罗静博士不仅从事心理学研究25年，还做了15年亲子教育的具体咨询工作，同时她也是两个孩子的母亲，这让她从中精心观察和总结了很多孩子的成长过程、亲子互动的状态，实践了各种指导方式的效果。她将这三个方面的所得和体会，综合融入这本书中，特别是就家长们可能遇到的问题和场景，提供了很多实际的案例，并根据科学原理给出了应对的原则和要点，这对各位家长和从事儿童、少年工作的人员都非常适用。

孩子不仅是家庭的未来，也是国家的未来。学习和使用这本书提供的知识、原理和方法，相信对这两个未来都一定能有很好的贡献。只要您看过这本书，您一定会同意我对这本书的粗浅认识。

自　序

这些年来，我一直在思考一个问题：如何才能培养孩子拥有好的性格？

英国作家萨克雷说过："播种一种行为，收获一种习惯；播种一种习惯，收获一种性格；播种一种性格，收获一种命运。"他认为，你拥有什么样的性格，决定了你人生的结果和最后的归宿。

谁不想让孩子拥有美妙的人生？谁不想让孩子成功、成才？可结果常常事与愿违。我们可以为孩子提供优渥的经济条件、丰富的学习机会、美好的生活体验，但为什么还有越来越多的孩子出现性格问题呢？**我认为，教育中更重要的事情是让孩子首先成为自己，成为一个真正的人，这才是孩子成功、成才的基础！**

我在这本书中讲了我眼中的好的教育和坏的教育，讲了家庭教育中的痛点，也讲了我的儿童发展观。从整体角度来看个体的发展，这些都是成人、成才和成功不可避免的要素。

家庭教育的主题是人，不只是孩子，还包括父母。育儿即育己，没有成长的父母，就不会有成长的孩子。然而，**正确的教育方向永远比努力更重要。**

我认为，道家的"道法自然"、佛家的"何期自性，本自具足"、儒家的"因材施教"、兵家的"因势利导"、农家的"因地制宜",包括艺术家所说的"随物赋形",其实都是一个意思:**不要拧着来,不要试图打碎之后重塑,而应该尊重天性,顺性而为**。气质乃天赋之宝藏,本来就因人而异。罗素说:"参差多态,乃是幸福之源。"为什么要强求千人一面呢?从一个模子刻出来的东西,既不美,也不真。如果我们致力于将抑郁质的林黛玉养育成胆汁质的张飞,把敏感强硬的孙悟空管训成木讷柔顺的唐僧,那么结果几乎注定是,孩子被毁了,我们的苦心也付诸东流了。这样的教育结果往往事与愿违,轻则无功而返,重则酿成悲剧。因此,**我认为好的教育首先是尊重儿童先天气质的教育,进而成就每个孩子独一无二的潜能**。

气质并无好坏之分,任何一个孩子都能成为对他人、对社会更有价值和意义的人,但要看父母在后天赋予孩子什么样的环境,以及如何引导他们释放基因中的神秘力量。环境对了,教育方法对了,孩子就绝不会走歪;环境不好,教育方法也错了,孩子就很可能走歪。

有个孩子从小被诊断为孤独症,但是经过父母的不懈努力和帮助,她最终成了一名优秀的飞行员。这是发生在我身边的真实故事。这件事时时提醒我,**每个孩子都是落入凡间的天使,为人父母需要认真、用心、温柔和负责地对待每一个生命**。

我在本书中和大家细谈气质时,并没有使用胆汁质、多血质、抑郁质和黏液质的分类方式,也没有使用儿童心理学中常用的容易型、困难型、缓慢型和混合型分类方式。为了便于父母更精准地确定孩子的气质,我采用了中国教育科学研究院王书荃教授为中国儿童量身打造的九种气质类型。这九类气质分型体系具体完整、明确易理解,父母可以迅速对号入座。

王书荃教授也是我的良师益友,我们就中国儿童的气质类型探讨过很多次，相信会让大家耳目一新。同时，你还能很容易理解孩子的个体差异性，并深刻意识到根据不同气质类型为孩子定制不同性格养成方案的必要性和紧迫性。

当然，听明白了和做起来还是两回事，道理容易懂，一遇问题就容易感到困惑。这是特别正常的，从理论到实践的确有很长的距离。即使对于像我这样读了十几年儿童发展心理学又养了两个娃的人来说，也是一样的。

因此，我会在书中讲讲导致儿童性格产生问题的六种原因（输不起、不自信、"叛逆"、固执、任性、胆小害怕、拖拉磨蹭）以及改变的技巧，这也是平时在咨询中家长问我最多的问题，它们都和一定的气质类型相关。比如，孩子的缺乏自信与气质类型中的趋避性、敏感性和心境都有较高的相关性，针对这些适应环境比较慢、易感害羞的孩子，我们为孩子做的自信训练与那些本来就"自来熟、人来疯"的孩子一定要有所区别。不过，我只是给你框了个边，让你在这里想怎么画就怎么画，绝对不会跑偏。然而，很可能即使你看完了，也理解了，但还是不能解决自己孩子的问题，并非这些方法不管用，而是你还需要根据自己孩子的气质类型采用"变形的"实用的方法。**所谓"实用的方法"，一定是因人而异的方法，这个功课需要父母自己做。**如果父母了解了自己孩子的气质类型，就能事半功倍，正所谓"道生一，一生二，二生三，三生万物"。

本书最重要的篇章是教大家做"化学实验"：我综合心理学的科学研究和自己养娃、带娃的实践经验，帮助父母调试了九种不同气质类型的"酸碱度"。比如，气质类型中有一类是分心程度，一端是"容易分心"，另一端是"不易分心"。按照人们的常见认知，容易分心意味着不好，不易分心意味着好。其实，容易分心也有好处，注意力容易转移的孩子可以更快、更好地适应环境；不易分心同样也有坏处，很容易固执和纠结。因此，如何利用气质的优势，并根据不同的情况来调节孩子的分心程度，提高他们问题解决的能力和适应环境的能力，从而养成需要专注时就能专注的性格品质才是非常重要的。鉴于此，我根据九种气质类型总结出了九种优秀的性格品质，希望能帮助孩子成就他们最美的自己。

最后，我们一起来看看那些所谓"快乐教育""放羊式教育""虎爸虎妈""不能输在起跑线上""期望教育"等似是而非、莫衷一是的教育理念。由于认知和操作的差异，这些恐怕都是埋在顺性教育路上的"雷"。如果说在家庭教育的过程中需要披荆斩棘、勇往直前，的确有些悲壮，但真的需要擦亮眼睛、明辨是非！

我坚持学习心理学 25 年，从事儿童教育工作 15 年，一直坚守这样的目标：**让更多的父母懂得科学育儿，让更多的孩子拥有幸福**。不要相信有什么轻松育儿的灵丹妙药，成长的过程本身就充满了痛苦的蜕变。人生只有一次，孩子的童年只有一次，做读懂孩子的父母，为孩子量身定制一双尺寸合适、颜色合适、款式合适又极舒服的"跑鞋"，助力他们在人生道路上不畏前路、飞奔向前！

目录

01 第一部分

气质与性格

01 | 孩子的性格可以改变吗 / 003

02 | 好的教育和坏的教育 / 009

03 | 在家庭教育中留白 / 018

04 | 用九个气质维度发现孩子更多隐藏的秘密 / 025

02 第二部分

优秀性格品质的培养

05 | 如何培养孩子勤奋、努力 / 035

06 | 如何培养孩子自律、独立 / 042

07 | 如何培养孩子安静、专注 / 048

08 | 如何培养孩子勇敢、坚强 / 054

09 | 如何培养孩子积极、灵活 / 060

| 10 | 如何培养孩子负责、坚韧 / 066
| 11 | 如何培养孩子谦虚、宽容 / 075
| 12 | 如何培养孩子诚信、友爱 / 083
| 13 | 如何培养孩子乐观、豁达 / 090

03 第三部分 097

儿童常见的性格问题

| 14 | 孩子输不起，怎么办 / 099
| 15 | 孩子不自信，怎么办 / 105
| 16 | 孩子"叛逆"，怎么办 / 112
| 17 | 孩子固执、任性，怎么办 / 119
| 18 | 孩子胆小害怕，怎么办 / 128
| 19 | 孩子拖拉磨蹭，怎么办 / 134

04 第四部分 141

顺性教育观

| 20 | 儿童发展观 / 143
| 21 | 亲子关系观 / 148
| 22 | 师生关系观 / 164
| 23 | 同伴关系观 / 169

05 第五部分 175

教育雷区

24 | 快乐教育和放羊式教育　/ 177

25 | 起跑线上的"虎妈狼爸"　/ 183

26 | "成绩唯一"下的望子成龙　/ 190

第一部分

气质与性格

01

孩子的性格可以改变吗

气质

要想培养孩子的好性格,就要先了解孩子的气质类型。**只有以尊重孩子个性化气质类型为基础,才能培养出好性格的孩子,教育也会变得更容易,事半功倍**,这便是真正的顺性教育。孔子在两千多年前提出了"因材施教",这"材"指的便是儿童的气质。

气质是与生俱来的、典型的、稳定的心理活动的动力特征。人的气质差异是先天形成的,受神经系统活动过程的特性制约。孩子呱呱坠地,最先表现出来的差异就是气质差异,有的孩子爱哭好动,有的孩子平稳安静。记得我生老大时,同期住院的一位妈妈比我早生一天,孩子体重4.1千克。这个孩子从出生到第二天,眼睛都是闭着的,哭声特别大,中气十足。而我的孩子一生出来就会睁着眼睛看着我,哭声也没那么大。这两个孩子就有不同的天生气质。因此,**孩子并不是一张白纸,他们带着一系列完整的基因密码而来**。随着孩子年龄的增长,很多父母都会发现,若父母内向,孩子往往也不善言谈。这是因为气质类型与生俱来,虽然在环境和教育的影响下会有所改变，但与其他个性心理特征相比，变化要缓慢得多，改变的可能性也较少。

气质只有风格的不同，而无好坏之分。不同类型的气质各有千秋、各有所长，不能说孙悟空式的孩子就比唐僧式的孩子好，也不能说张飞式的孩子就比诸葛亮式的孩子差。但即使有的父母性格内向，自己从小挨了不少训，并因此对自己父母的不接纳而愤愤不平，他们仍然希望自己的孩子不要内向，做一个外向的人。因此，你在育儿中会发现，很多道理都懂，却很难做到。如果你可以把孩子的先天气质视为宝贵财富，以顺性教育的原则和方法付诸实践，很可能就会在育儿过程中少了很多纠结。

尊重孩子的气质类型，因势利导，才更有利于塑造孩子的好性格。

性格

接下来，我们聊聊性格。性格和气质各有不同，但也有关联。

性格是什么呢？性格是人对现实的态度和相应的行为方式中比较稳定、具有核心意义的个性心理特征，即一个人"典型性的行为方式"。通俗地说，**性格就是脾气、脾性**，它包括态度（是骄傲还是谦虚）、意志（是勇敢还是懦弱）、情绪（是开朗还是抑郁）、认知（是思维敏捷还是木讷迟缓）等。因此，性格是综合体，这也是我们能从一个人的言谈举止中看出其性格特征的原因。

性格更多的是受后天环境的影响，老话说"三岁看大，七岁看老"说的就是性格养成的关键期和重要性。实际上，"五六岁形成性格"的说法具有跨文化的一致性，这不只是中国人的智慧，精神分析学派的鼻祖弗洛伊德及其门徒荣格、阿德勒等心理学大家，也都持相同观点。既然从小就形成了决定人一生命运的性格，那么改变起来也必然需要花费更大的功夫。这也应了一句古话：江山易改，本性难移。

气质与性格的异同

性格和气质有什么不同呢？

气质是先天的，性格是后天的

气质无好坏之分，性格却有好坏之别；气质的可塑性较弱，性格的可塑性较强，但气质和性格形成后都不容易改变。

气质会影响性格的形成和发展

俄罗斯的心理学家对45组家庭中七个月大的宝宝进行了气质测量，等他们长到八岁时，再依据外倾性和神经质程度等成人性格的主要特征评价孩子的性格。结果表明：外倾性/外向性（他们更爱笑）评分较高的婴儿，到了八岁时，神经质的程度一般会比较低（这意味着他们的情绪更稳定）；自我调节评分较高的婴儿到了八岁时，在"认真尽责"这一成人特质方面的得分也较高。如果你的孩子可以长时间集中注意力（这是好消息），那么这可能意味着他们再大一点后可以让自己的房间保持整洁。

一项跟踪了40年的研究发现，神经质（即情绪的稳定性）和外倾性（即个体寻求与他人相处，外向及喜欢社交的程度）遗传的概率很高，某种基因对风险偏好行为具有极大的影响力。比如，寻找新异事物的基因会影响大脑中多巴胺的产生，使得某些人更喜欢冒险。而通过对双生子的研究发现，社会技能（成为有影响力的领导并乐于享受万众瞩目的倾向）和传统性（对规则和权威的严格遵守和服从）与气质高度相关，甚至连政治态度、宗教兴趣、价值观、对性行为的态度都有气质成分参与其中。

性格能修剪和调节气质

比如，随着父母正确的引导和经验的不断增加，孩子原来鲁莽、冲动的气质会减少，形成沉稳、淡定的性格特质。

气质类型会影响父母的教养方式，从而影响性格的塑造

有心理学研究结果表明，如果孩子天生气质比较难养，属于困难型儿童（如爱哭爱闹、很少睡眠、规律性很差、很难养成习惯），就会让抚养人（尤其是母亲）感到心力交瘁，使其很容易产生无助感和产后抑郁。如果母亲采取了过于严厉或过于忽视的教养方式，就无法建立亲子之间的安全依恋关系，孩子很可能形成孤僻、固执、冷漠甚至反社会的性格特质。

气质和性格都可以分类、分型

关于气质的分类方式，有我们熟悉的多血质、胆汁质、黏液质、抑郁质的分类方式，也有容易型、困难型、迟缓型的分类方式。获得诺贝尔生物学奖的巴甫洛夫（用铃铛训练狗分泌唾液进行条件反射的行为学派的大人物）根据高级神经活动的过程是抑制还是兴奋，划分出活泼型、安静型、兴奋型、抑制型四种气质类型。中医根据阴阳将人分为少阴之人、太阴之人、少阳之人、太阳之人，《黄帝内经》甚至分出了25种气质的人。

性格的分类同样有多种不同的看法，学术界常用的人格分型包括以下几种：

- 疑病、抑郁、癔症、病态人格、男性化和女性化、偏执、精神衰弱、精神分裂症、躁狂症、社会内向共10类，可参考明

尼苏达多相人格测验（MMPI），这也是史上题目数量最多的量表；

- 乐群性、聪慧性、稳定性、恃强性、兴奋性、有恒性、敢为性、敏感性、怀疑性、幻想性、世故性、忧虑性、实验性、独立性、自律性、紧张性共16类，可参考卡特尔16项人格因素问卷(16PF)；

- 英国心理学家艾森克（Eysenck）把人格分成外倾型、神经质和精神质三类；

- 荣格将人格分为四个维度八个因子，分别是外倾–内倾，感觉–直觉、对事–对人、判断–认知；

- 西方心理学界公认的大五人格，包括开放性、责任心、外倾性、宜人性和神经质性；

- 我的导师张建新研究员在大五人格的基础上，开发了适宜中国人的人格分型，包括可靠性、人际取向、领导性、独立性、新颖性、多样性、多元思考、艺术感、容人度和人际触觉10类；

- 北京大学王登峰教授和崔红教授在大五人格的模型基础上提出了大七模型，即正情绪性、负价、正价、负情绪性、可靠性、适意和因袭性；

- 九型人格是近几年比较火的人格分型，分别是完美型、助人型、成就型、浪漫型、思考型、忠诚型、活跃型、领导型、和平型。

可见，无论是气质还是性格，之所以会分类、分型，表明"物以类聚，人以群分"，以及"不是一家人，不进一家门"是有道理的。同时，这样的归类也能帮助我们更好地了解自己、认识自己。

性格与气质相比，改变的可能性更大，教育便是促成其改变的主要自变量。好的教育可以让孩子拥有优秀的性格、成功的人生；坏的教育则会把孩子变成囚禁在笼子里的鸟儿，永远走不出自己的世界。

与其采用坏的教育，还不如不教育！

接下来，我们来聊聊什么是好的教育，什么是坏的教育。

02

好的教育和坏的教育

什么是好的教育,什么是坏的教育?

简单地说,好的教育是成就孩子的教育,是父母成长的教育,是快乐感恩的教育;坏的教育是导致孩子不是孩子、父母不是父母的教育,是亲子双方终其一生都处于纠结、痛苦中的教育。

如何实现好的教育

情绪稳定

拥有一位情绪稳定的母亲是孩子最大的幸运。看到这句话,你可能会问,为什么一定是母亲,而不是父亲?

的确,这个重要的人为何首先是母亲呢?因为母亲是孩子此生第一个密切接触的人。其实,从孕期开始,母亲就对胎儿产生影响了。如果母亲在孕期持续感到焦虑或抑郁,那么这种情绪也会传递给胎儿。甚至有心理学家发现,如果孕妇与丈夫的关系不好,那么孩子在出生后也可能会更爱哭闹,或者更加弱小、不自信。在孩子出生后宝贵的前几个月，坐月子、母乳、亲子亲密接触，所有这些过程母亲都会自然而然地参与其中。出生一个月的婴儿就能识别出自己母亲的乳汁味道。母亲和孩子的联结在孩子出生前就已经建立起来了，并且在孩子出生后变得更加巩固。按照心理学家爱利克·埃里克森（Erik Erikson）的观点，早期抚养人对孩子的需要回应得及时与否，会影响孩子对外部世界的信任程度。如果抚养人对孩子的很多需求都没有反应（如哭了故意不抱、伤心了故意不理睬，只有孩子乖的时候才去亲近孩子），或是外部抚养人（两个及两个以上的抚养人）对孩子的回应不一致，那么都会导致孩子对外界的不信任，且这种对亲密关系、对他人的不信任感，将会伴随这个孩子的一生。

还有研究表明，如果母亲得了产后抑郁，孩子的个子就会比较矮小。因为产后抑郁会影响母亲的激素分泌，进而影响她的乳汁质量。乳汁质量一旦发生变化，里面的成分就会随之发生变化，孩子的身体发育自然会受到影响。可见，母亲的情绪状态不仅会影响孩子情绪的发展，还会影响孩子的身体发展。如果母亲经常发脾气并处罚孩子，孩子就会觉得这世界很危险。为了保护自己，孩子要么会让自己变得强势，从而在社会上获得生存空间；要么变得退缩，不与外界接触或者发生冲突，以此保全自己。一个爱哭、爱闹、爱耍脾气的孩子，往往有一个限制孩子、过于专制的母亲；一个情绪积极、开朗的孩子，则一定有一个同样开朗、快乐的母亲。

接纳孩子

要让孩子听话，父母就要先接纳孩子，这是前提和基础。

比如，如果孩子有社交的恐惧，就一定不要对孩子这样说："这是因为你太内向了，你要是外向一点就不会这样了！"此时，孩子最需要的是父母与他讨论并寻找解决办法，鼓励他学会用舒服的方式表达自己的需要，而不是催他、逼他像其他小朋友那样去做。父母不要总是想着改变孩子，而要帮助孩子学习如何管理自己的不足。智慧的父母不是让自己的孩子变得和别人家的孩子一样，而是用更多的勇气和智慧去保护孩子独有的特质，让他成为一个独一无二的自己，让他基于自己的特质做出成绩。

培养孩子的自主感

有自主感才会让自己成为自己，才会拥有自己的人生。父母对孩子的教育就是要让孩子知道自己是谁、能做什么、想做什么，而不是活成父母的延续和期望。

自主感产生于人生的头三年，父母要给予孩子由内而外的教育（即尊重他们并允许他们"折腾"），而不是由外而内的教育（即限制他们，按照父母的要求去"雕刻"他们），这样孩子才能产生自主感。

周国平曾这样说：

人要想活得有意义，就要具备两个条件：第一，做自己喜欢做的事情，并能维持生计；第二，和喜欢的人在一起，并且让他/她也感到快乐！

要想做到这两点，就要先成为一个自主的人。针对不同年龄段的孩子，我给父母以下建议。

言传身教

孩子在三岁前，主要是通过直接经验来学习的，对父母的观察和模仿是其第一种学习途径。孩子是看了父母做的而学习的，并不是因为听了父母说的就学会了。只要父母每天都用尊敬、谦让的态度对待别人，孩子就能在潜意识中模仿父母的方式并将其内化为自己的行为。遇到类似的情形时，孩子自然也会学着用父母的做法去应对。

在日常生活中，父母可以告知孩子一些细节，例如：出门、回家时，要跟家里人打招呼；美味的食物要与大家分享；在家吃饭时，要等全家人都上桌了再动筷；有客人来家里做客时，要热情地招待；对于别人的帮助，要主动说"谢谢"；在大人接打电话时要保持安静。如果孩子做对了，父母就要及时给予表扬，让孩子知道什么样的行为是对的。

帮助孩子判断对与错

孩子三四岁时，父母要预先想到孩子可能会有的行为，并明确告诉孩子什么事能做、什么事不能做，并用他们能懂的语言分别去解释为什么要这样做、应该怎样做。

比如，在带孩子去饭店吃饭之前，父母应该事先跟孩子约好不能在公共场所大声喧哗，如果遇到不满意的事，可以告诉妈妈或爸爸，而不是当众大哭大闹。再次强调，**一定要事先做好约定！** 即使孩子做错了，父母也没必要大动干戈，告诉孩子错在哪里是比训斥和批评更有效的纠错方式。

纠正孩子的不礼貌行为

孩子四五岁时，他们的自制力还不是很强，仍需要父母反复向他们强化礼貌行为，并告诉他们每种礼节背后的道理，让孩子知道其行为既可以带给别人快乐，也可能伤害他人。注意，不要将孩子的行为上升到道德层次，"行为错了"和"人格特点"是两个概念。比如，孩子说脏话，父母要先告诉孩子自己听到他说脏话后感觉很不舒服，而且这样也会让别人认为他这么做很粗俗，从而也对他做出粗俗的行为。随后，再教孩子如何用礼貌的语言进行反馈。这样的行为反馈需要多次重复、强化。

帮助孩子提高处理与同伴之间矛盾的能力

当孩子上小学一二年级时，他们会非常在意同伴的评价，这是真正社会能力开始发展的标志。在与同伴游戏中，他们希望自己能赢，不喜欢输，甚至害怕输，所以有时候他们会说点谎话、耍个心眼，但其实并无恶意。他们的团体意识和团体荣誉感都会越来越强，喜欢被赞美和表扬。他们还会在此时建立自己的朋友圈。不过，这个年龄段的孩子也容易与同伴发生矛盾，常常会在前一秒还玩得挺好，后一秒可能就哭起来了。因此，父母在这个阶段需要帮助孩子提高处理与同伴之间矛盾的能力。

我的建议如下：

- 放学后，给孩子们建立的小团体30~50分钟一起玩的时间，促进彼此深入了解；
- 若发生矛盾，不要急着替孩子们解决问题，让他们自己先试着处理；
- 回到家里，和孩子就这个矛盾客观地说出自己的看法，对正确的行为提出赞扬。

我女儿小名叫开心，她有个女同学A，学习成绩比较差，什么都跟不上，别人跟她说话时她也总是一副听不明白的样子，同学们都不喜欢跟她一起玩。可A很喜欢开心，总是默默地跟着她。开心的这个小朋友圈一共有四个孩子，其他几个孩子都瞧不起A，带好吃的也不愿意和A分享。开心很纠结：到底是跟其他几个孩子一起玩，还是要照顾不讨人喜欢的 A 呢？

在我的引导下，开心看到了 A 乐于助人、心地善良的好品质，也认识到她需要帮助，若孤立或嘲讽她，就会令这个女孩更难以适应现在的学习，她的境况只会变得越来越糟糕。后来，开心告诉我："妈妈，我会帮助她，但这并不会影响我和其他同学一起玩。"

所以说，孩子们是非常智慧的。

帮孩子找到朋友

当孩子上小学三四年级时，他们精力充沛，对很多事情都充满了好奇心，尤其是会对他人表现得特别关心，有点像人们常说的"爱多管闲事"。这个年龄段是青春期前期，处于这个年龄段的孩子会出现一些变化：（1）突然变得害羞、不好意思；（2）非常看重朋友，只愿意跟好朋友玩；（3）对大人表现出不耐烦或厌恶；（4）由于大脑前额叶皮质的发育，他们变得比较独立，可以制订计划并去执行，自我分析和评价也能表现出一定的客观性，不会觉得自己做得全对或全错。

在这个阶段，父母需要注意以下三点。

第一，要学会尊重孩子的意见。比如，如果孩子不喜欢某个兴趣班，建议父母先放放。我先生非常想让女儿报书法班，女儿说："我不去，打死也不去，我不喜欢！"爸爸没辙，悻悻离去。接下来的几天，我每天和她一起写三行字，还经常让她给我看看她写得怎么样。有一天，她放学回家后对我说："妈妈，老师夸我的字写得好看呢！看来没白写！要不然我再报个书法班好好学学吧，把字练得更好些！"对于这个年龄段的孩子来说，尊重而不强迫才能让他们更为积极主动。在他们成长的过程中，说不准会有哪个因素能触动、改变他们；相反，如果一上来就强迫他们、命令他们，那么好事也往往会变成坏事。

第二，有效沟通。这个年龄段的孩子，似乎什么都懂，甚至好像比父母懂得都多。若是父母说多了，他们就会说"知道了，你都说了800遍了"；说少了，他们又记不住，丢三落四是常有的事。我女儿常常自豪地说："妈妈，我都弄完了，你放心吧。"可是，如果我一项一项地检查，就常常会发现她不是这个遗漏了，就是那个弄错了。因此，父母对这个阶段的孩子需要进行有尺度的监督管理。建议这样对孩子说："爸爸妈妈相信你可以做好自己的事情，安排好自己的时间，但我会在睡前和你一起整理一天的作业，为明天做好准备。"

第三，帮助孩子做判断和决定对错。按照科尔伯格的道德发展理论，此时的他们正处于前习俗水平阶段，他们的道德判断着眼于人物行为的具体结果和自身的利害关系。比如，他们会由于害怕受到惩罚而盲目服从成人或权威，认为凡是免受惩罚的行为都是好的，对行为好坏的评价首先是看能否满足自己的需要，有时还包括是否符合别人的需要。这就需要父母帮助他们明确判断是非和对错的界限。

尊重孩子的意愿

当孩子上小学五六年级时，就进入了青春期。他们会出现这样的变化：（1）更喜欢按照自己的方式尝试，憧憬着独立，很在意自己是否被赞扬、肯定和关心，情绪起伏比较大；（2）很难自行调节情绪，但家长说了还嫌烦；（3）做事力求完美，要是做不好就会产生极大的挫败感，甚至会丧失继续的信心；（4）学会掩饰自己的情绪，如跟同学比发现自己不行，就会感到自卑，表现于外的却是张扬。

在这个阶段，父母需要注意以下两点。

- 不要把学习成绩当作衡量孩子好坏、优秀的唯一标准。帮助他们找到自己的兴趣和天赋，以及自己独一无二的地方。

- 培养孩子乐观的性格，在他们遇到困难的时候，要给予他们足够的包容、倾听、认同，不要着急否定、批评和反对。

除了要做到这两点，还要注意，不要给孩子报过多的辅导班，如果孩子情绪不良、睡眠不足、不喜欢、不愿意，那么无论花多少钱、请多少名师也都是没用的。生活即教育，不妨让孩子学着洗自己的衣服、为家里跑跑腿，以及多带孩子去大自然中观察、体验，并通过写日记来记录。这些能力都会迁移到学习、情绪管理和好习惯上。请记住，**要让孩子有自己体验和处理事情的权力**。

为孩子做示范

一项针对全世界 500 多万名儿童和青少年的研究表明，一个孩子拥有的资产越多，就越有可能取得成功。资产分为以下两部分。

- 外在资产，即有利的外部环境和经历，包括家人的支持和爱、为他人服务、有明确的界限和规则意识、有效地利用时间、每周坚持运动、陪伴家人，以及有创造性的艺术活动等。

- 内在资产，即积极的性格特征和价值感，包括努力学习、诚实正直、计划和决策、积极态度等。

"我从不期望要培养出一个多么优秀的学生，我只是希望每一个学生能够做最好的自己。"在被问到希望自己的学生未来具备哪些品质品格时，荣获"最美教师"称号的张文宏医生说："我的老师在带我们的时候，从来没有说过'我要你成为具有什么样品德的临床医生',但是他们都用自己的言传身教来告诉我们什么是医生。"

张文宏医生的这段话,让我觉得这是作为教师最好的独白,也是对"好的教育"最好的诠释。这也让我想起了孔子说的"其身正,不令而行;其身不正,虽令不从"。教师如此,父母又何尝不是如此呢?父母自己做到了,就能潜移默化地影响孩子,根本不需要再去要求孩子怎么样;相反,如果父母做不到,那么再要求孩子怎么样也没用,因为孩子不仅不会去做,还会看不起言行不一的父母。

真正的教育往往都是"不教而教",教师或父母通过好的榜样示范、关系构建和环境营造,让孩子在和谐、自然的气氛中受到潜移默化的影响和熏陶,正所谓"处无为之事,行不言之教"。

03

在家庭教育中留白

汉字是象形字,很有讲究。

"家"这个字,"宝盖头"下一个"豕","豕"是"猪"的意思,所以家的原意是"猪圈"。其实是想说,在家里就应该感到自在安宁、无忧无虑。"宝盖头"上有个点,是"烟囱"的意思,所以家里要有烟火,要有人气。如果一个家庭一顿饭也不做,只叫外卖,就少了烟火气。在 2020 年年初的新冠肺炎疫情期间,我们基本上每天都是在家里度过的,这可能也让我们对于家稍微多了一些不同于以往的感受。

与几十年前相比,尽管如今人们的生活物质丰富、环境优越,但孩子的问题却一点也没减少。而同样为人父母,在两代人的养育方式上也大相径庭。

两代人养育方式的差异

我是"70 后"。我小时候,家里比较穷,但当时我家邻居也都不怎么富裕,各家的情况差距不大。不过,那时好像每个家庭都穷得挺安稳的，不至于哪家因此而心理失衡、整日争吵。如今，贫富差距日益增大，因经济问题导致家庭出现动荡（如争吵、离异）的情况比以前多得多，因为人心就是"不患寡而患不均"。

以前的大家族多。也许你的父母动手打你，但过一会儿你的叔叔婶婶可能就会给你一些安慰。就算你的父亲不负责任，可你的伯伯或舅舅也很像你的家长，住在离你家几米、几十米远的地方，他们会成为你的男性榜样、成为你生命中的重要他人。现在的社会，小家庭居多，孩子们（尤其是独生子女）除了父母，没有别人可以依靠，更没有别人介入他们和父母之间，亲子关系可谓密不透风。从心理发展来讲，这样的现状是存在风险的。

以前的父母们虽然普遍缺乏育儿知识，但是他们的焦虑也少，对孩子的控制欲也相对少很多。现在的父母在面对孩子时，情绪要复杂得多。诸如"虎妈狼爸"的概念，其实背后藏着的都是父母包括不安在内的各种复杂情绪。在这些情绪的驱使下，很容易出现对孩子的过度付出、过度弥补、过度干预、过度控制。在这种畸形的亲情环境中养大的孩子，更容易产生焦虑、抑郁等不良情绪。

如今，关于孩子厌学、情绪低落的新闻屡屡出现，如果人们还继续掩耳盗铃地做出论断：现在的孩子比以前更幸福，甚至自以为是地指责孩子们太脆弱，那么这样一来，孩子们岂不是更加艰难和孤独了？

何为"在家庭教育中留白"

费孝通先生说："孩子碰着的不是一个为他方便而设下的世界，而是一个为成人方便所布置下的园地。他闯进来，并没有带着创立新秩序的力量，可是又没有服从旧秩序的心愿。"

他还说："孩子在一小时内所受到的干涉，一定会超过成人一年中所受的社会指责的次数。在最专制的君王手下做老百姓，也不会比孩子在最疼他的父母手下过日子难过。"因此，在家庭教育中留白，就是"让孩子有喘口气的生活"。

弗洛伊德在他的《性学三论》（Freud: Three Essays on the Theory of Sexuality）中讲过一个故事：

一个三岁男孩在一间黑屋里大叫："阿姨，请和我说话！这儿太黑了，我害怕！"他的阿姨冲他喊道："那样做有什么用？你又看不到我。""没关系，"那个男孩说，"有人说话，房间里就亮了。"

这是个很动人的故事。孩子们最期待的是被父母看见、父母对自己的心理需求有回应。有回应，就有了希望；没有回应，就会心生恐惧；一直没有回应，就会彻底失望。

因此，要想在家庭教育中留白，父母首先要学会"看见"孩子。

何为"看见"孩子

很多父母可能会说："我的孩子我还能不了解吗？我恨不得眼睛都长在他身上。"

请注意，这不是"看见"，而是"监视"！**真正的"看见"，是理解和感受孩子内心深处的需要和渴望。**

只需回顾你自己的成长经历，就一定深有感触。你的父母了解你内心的纠结吗？他们会因为你的沉默或哭泣而给予安慰吗？他们是否每天都在说你又不努力学习，谁家的孩子又比你考得好？

儿童行为心理学家戈登·诺伊费尔德（Gordon Neufeld）博士经过40多年的研究发现，父母通常只能看到孩子逆反、攻击、欺凌等问题行为，却并未看见其行为隐藏下的内心渴求、方向迷失，以及对依恋的需要和对帮助的恳求。不能被看见的孩子，也无法找到自己，何谈属于自己的幸福！

如何"看见"孩子

要想做到"看见"孩子并不容易，但有方法：**不要轻易判断和评价孩子的语言、情绪、行为和想法，先学着点头！**

父母要看见孩子和自己不一样——孩子不是缩小了的大人，而是独立的、独一无二的，他和大人完全平等且完全不同。"看见"孩子，就是要了解他们，这样在出现问题的时候，父母才能知道对于哪些问题无须紧张，哪些问题需要予以重视。

曾有网友发问："如果父母需要持证上岗，那么需要什么证书？"

答案五花八门。

有可爱通俗版的：好好说话证、不要哭穷证、说话算数证、冷静证、表扬证、责任感证、理解沟通证、不偏心证、不重男轻女证、不打人证……

也有学术版的：发展心理学证、营养学证、健康证、儿童护理证、理财常识证、未成年人保护常识证、电工证、木工证……

当然，也是最关键的，是你得有准生证。

做父母不容易，但既然为人父母，学习儿童心理学还是非常有必要的。建议大家买两本有关儿童心理学的大部头的书回来好好啃一啃，一本国外作者写的，一本国内作者写的，只要不是高校教科书，一般家长就都能看得懂。

不过，学习的过程并不会因为看完一本书就结束了，你需要用

10年甚至20年的时间将理论与实践相结合，从而悟出适合自家孩子的养育心法。如果你羡慕别人家的孩子，就要主动学做别人家的孩子的父母！

看见孩子、了解孩子，才能给孩子输入父母自己的价值观。价值观是人之成长为人的底层逻辑，父母常常希望孩子将来考个好大学、有份好工作、找个好伴侣、能过好自己的生活，都是建立在价值观的基础之上的。然而，价值观不是教出来的，而是父母用以身作则的榜样力量，在孩子内心深处埋下的一粒美好的种子，慢慢长大，生根发芽开花结果而来的。

对此，我的建议如下。

第一，慢一点，给孩子一些空间去思考、探索、选择、接受。父母不要用自己的经验决定孩子的需要，记住，"有一种冷，叫作你妈觉得你冷"。

第二，用积极客观的评价帮孩子建立自尊感，进而帮助孩子建立积极客观的自我评价模式。正如纳撒尼尔·布兰登（Nathaniel Branden）所说："一个人对自己的评价将直接影响到他的核心价值观，以及他的思维方式、情绪、希望和人生目标，同时还会影响他的行为。"

第三，当下引导，确定哪些行为是正确的、哪些行为是错误的，让孩子从小就有界限感。生活中会发生各种需要你帮助孩子建立规则感的事情，一旦发生了，就到了最好的教育时间。比如，当孩子对自己身体感兴趣的时候，就是进行性教育的好时机；当孩子向别的小朋友的奶奶主动要东西吃的时候，就是进行礼仪教育的好时机。

第四，让孩子有时间、有力量去探索并享受大自然和艺术带来的乐趣。大自然和艺术真正的魅力在于，它们能让孩子感受美、解放心灵、释放压力。不是非要学什么乐器（当然，要是有条件学一个更好）、参加个训练班、拿个比赛名次才行。

批评有方法，孩子易接受

要让孩子在家里感到自在，并不是听之任之。小树苗要长成参天大树，只靠自己是不够的，阳光、土壤、雨水、温度，一个都不能少。**真正的内心自在，是听得了批评，也撒得了欢儿！**

说到批评，再多说两句。有父母问，还能批评孩子吗？对此，有人说，这算什么问题，该批评就得批评，不批评不得上天了；也有人说，还是要以鼓励为主，少批评，现在的孩子话说重了又是离家出走又是跳楼自杀的，惹不起。

其实，这个问题不在于要不要批评、该不该批评，而是如何批评。"批评"应该被理解成一个中性词，是帮助孩子解决问题、规范行为的方法，而不是惩罚、训斥，更不是辱骂。批评是有方法的，否则孩子不但不反省，还会唱反调。等他大了，感觉自己成熟了，就会做出各种不可控的行为。因此，请记住，**批评的结果不是让孩子蓄积怨恨和不满，更不是破坏亲子关系，而是让孩子有反思和知错改错的勇气。**对此，我有以下建议。

- **批评要就事论事，不要一下子就扯到好多年后**。比如，有些父母批评孩子不好好写作业，就说"20年后你扫大街去吧"（万一到时候都没有扫大街的活儿了呢）。

- **说事不说人格**。不要上来就是"我就说你不行，干啥啥不行，就是个笨蛋"。

- **不要只批评孩子而不反省自己**。否则就变成了"只许州官放火,不许百姓点灯"。尤其是青春期是孩子,尤为在乎公平感。

- **有情绪的时候,尤其是特别愤怒的时候,不要去批评孩子**。如果在此时批评孩子,就难免会说一些过激的话。不妨先冷静一下,等情绪稳定下来再说。

- **当孩子辩解时先别去与其论辩,而要反思自己批评得是否正确**。换个角度,换个思路,换个用词,换个态度,否则一定会不欢而散,两败俱伤。

- **不在大庭广众下批评孩子**。先就孩子犯的错误跟他人道歉,积极解决问题,回家后再批评教育孩子。

"语言就像刀,它们能带来痛苦,即使不是身体上的痛苦,在感情上也会留下很多痛苦的伤痕。"这是畅销书《孩子,把你的手给我》(*Between Parent and Child*)中的一句话。

在家庭教育中留白,需要有相信自己和相信孩子的内心力量,这并不容易做到。父母出现在孩子的生命里,照顾他、养育他,引导他找到自己,这是父母的责任和义务。父母要允许孩子犯错,经历醒悟、固执,并在合适的时候优雅地离开。

路,终究是需要孩子自己走!

04

用九个气质维度发现孩子更多隐藏的秘密

要想了解孩子,就先要了解孩子属于哪种气质类型。

美国心理学家托马斯和切斯根据活跃水平将婴儿的气质分成了九个维度。中国教育科学研究院的王书荃教授对这一结果进行了大量本土化的研究后,经过修订,最终确定了适合评估中国儿童气质的九种类型。经过与王老师的深入讨论,我也再次确定了使用这套气质分型模型为大家讲解顺性教育。这九种气质类型能够更全面、客观和科学地帮助父母理解孩子、读懂孩子,从而迅速对号入座、因材施教。

九个气质维度

活动水平

活动水平,又被称为"活动量"。活动水平高(即活动量大)的孩子乐于蹦跳,仰卧时双脚不停地踢动,穿衣吃饭速度快,坐在小凳子上扭来扭去,一天到晚动个不停,一刻也不得闲。

活动水平低（即活动量小）的孩子往往喜欢做平静的活动和游戏，乖乖地等着大人穿衣服，静静地坐着吃饭，很少手舞足蹈、又蹦又跳。

生理规律

生理规律性强的孩子每天都会在差不多的时间感到饥饿、想睡觉，睡眠时间的长短也有规律，甚至烦躁哭闹的时刻都很有规律。

生理规律性弱的孩子则刚好相反，对于以上活动，他们皆不固定，父母需要去猜测或试探他们什么时候饿了、困了。

分心

分心，即注意力是否容易转移。容易分心的孩子在哭闹时，如果给予其新刺激就能很容易转移注意力而得到安抚，很快就能平静下来。

不易分心的孩子更专注，一旦哭起来就不易停，无法用其他的人和事安抚他。稍大之后，较强的专注力可以帮助其专心学习，但同时他们也会因过于投入正在进行的事情而忽略周围环境的变化。

趋避性

趋避性，即初始反应。初始反应积极的孩子在遇到生人或是家里来了客人时，总能主动接触，而不是回避躲在一边；对于从未尝过的新鲜食物，他们可能会乐于主动尝试；对生活中出现的新情况，他们往往会毫不犹豫地接受并融入其中。

初始反应消极的孩子在面对新事物、生人、陌生环境时，会表现出害羞、内向，或者拒绝接受新事物；对于从未尝过的新鲜食物，他们可能会摆弄再三但并不想去尝一尝；对生活中的新情况表现为退缩避让。

适应性

适应性，即婴儿的初始反应向积极方向转化的难易程度。初始反应积极的孩子适应性较强。

初始反应消极的孩子适应性较差。

坚持性

坚持性，即专注力的持久性。易坚持的孩子能专注地做自己的事，毫不理睬周围的干扰和阻碍；即使分心，也只是匆匆抬头望一眼，然后继续埋头做自己的事。

易放弃的孩子注意范围小，对做不到的事情不会继续尝试。

反应强度

高反应强度的孩子喜欢大声哭、笑，嗓门很大，对外界的刺激反应强烈；不合心意时就会大哭大闹，长大也多斤斤计较。

低反应强度的孩子往往是温和平静的，较少流露感情和使用身体动作，不合心意时，也不会表现得很明显。

敏感性

高敏感性的孩子能敏锐地觉察周围环境的变化，他们往往能发现哪个家庭成员换了发型。随着孩子社会性的发展，高敏感性的孩子对别人的声调、面部表情的细微变化都会产生反应，甚至连走路被别的小朋友超过也可能会很计较。

低敏感性的孩子对周围环境的变化没多少感觉，也没那么在乎，别人对他说什么、做什么都觉得无关紧要。

心境

心境，即弥散性的情绪体验。有积极心境的孩子经常是高兴的、微笑的、友善的。

有消极心境的孩子经常不高兴，好哭泣、好挑剔、好抱怨，对别人怀疑心重，不那么友善。

如何理解气质维度

如何理解气质维度呢？看下面的例子就不难理解了。

> **案例**
>
> 几个孩子一起做游戏，有些孩子一直在动，连说话时都在动；有些孩子一直在听，安静少语。这就是活动水平的差异。
>
> 玩的时候，有些孩子被别的小朋友碰了一下就会一直哭；有些孩子则在哭两下后又像之前那样玩了起来。这就是分心程度的差异。
>
> 玩的过程中，新来了一个小朋友想加入其中，有些孩子很欢迎，有些孩子则不希望有新人。这就是趋避性的差异。
>
> 新人加入后，有些孩子很快就和这个孩子玩得很开心，有些孩子则迟迟不愿和这个新朋友玩。这就是适应性的差异。
>
> 玩抓人的游戏，有些孩子虽然总抓不到人但还是高兴地跑着叫着，有些孩子如果第一次抓不到人就不想再玩了。这就是坚持性的差异。

> 如果不想玩了，有些孩子就会抱怨游戏规则不好，哭着说大家欺负他，有些孩子则会去一边玩自己的了。这就是反应强度的差异。
>
> 如果这时大家说"这有什么好哭的，不想玩就算了"，有些孩子就会很受伤，觉得大家看不起他、针对他，就会哭得更伤心；有些孩子则会觉得，本来我也不想玩，你怎么说我都无所谓。这就是敏感性的差异。
>
> 到了回家吃饭的时间，有些孩子家长一叫就跟着走了；有些孩子则无论家长怎么叫都不走。这就是生理规律的差异。
>
> 游戏结束后回到家里，有些孩子说笑如常，不再想刚才游戏中的不愉快；有些孩子则会一直想着不高兴的经历，久久都不能释怀，以后再看到那些小朋友就会躲着走。这就是心境的差异。

其实，无论孩子多大，你都能从这九个气质维度去理解他。

乍看上去，用九个气质维度来评估孩子的确让人有点眼花缭乱。人的发展本身是多样的，也是多变的，气质作为其中最稳定的基础存在，不仅能帮助我们理解个体差异性，还能引导我们建构因材施教、顺性教育的理念。由于我这些年一直在从事儿童心理教育工作，因此我能越来越清晰地认识到，我们必须尊重和理解个体之间的差异，正确看待并接纳每个孩子的特点。这种尊重、理解和接纳对于帮助孩子学习和获得幸福至关重要。

孩子一步入小学，就进入了标准化的学习状态，这其实并不是一件好事。我们的教育硬件越来越好，对孩子的要求也越来越趋于统一。教育中出现最多的问题是，要求孩子"不能这样做"，而不是"你可以怎样做"。孩子成了流水线上的螺钉、螺母，父母也觉得大家都一样才好、才对。若自家孩子跟别人家的孩子不一样，就开始焦虑、发愁，所以总有一个"别人家的孩子"无时无刻不在刺激老父亲、老母亲脆弱的心。可"龙生九子，各不相同"，这是规律，不能违背。如果教育把孩子变成了就像从整容医院出来的——极漂亮、极精致、极帅气，但就不是他们自己，那么这样的生活是孩子想要的吗？是父母们孕育生命的初心吗？

父母常常认为，孩子身上发生的不愿意上学、不想写作业、校园欺凌、师生矛盾，都是孩子的问题，是因为他们网络成瘾、交友不慎、不务正业、偷懒耍滑、撒谎狡辩、没有责任心、不懂感恩。然而，父母可曾想过，作为关系和环境产物的个体，孩子的认知、情绪、行为和性格都深深地被打上了家庭教育和学校教育的烙印。他们本身蕴藏的潜能和灵性，早已被贴上了"不合要求""叛逆""有问题""不正常"的标签，就像被封印了似的，他们怎能活出独一无二的价值？

每个孩子都需要被看见！如果连父母都不能认识到自己孩子与生俱来的不同气质，就更不要期待别人发现他的潜能了。孩子能走多远、能站多高，都要看父母能在多大程度上理解、尊重孩子的个体差异性。

面对环境的压力，父母常常感觉很无奈、有心无力。老师要求的不能不做，群里家长的"奋进"格外刺眼，"不争气"的孩子天天在眼前乱晃，小心谨慎又战战兢兢，原本一家人其乐融融，如今家里的氛围却变得很紧张，仿佛一点就爆。

作为一名"海淀妈妈"，我每天都深刻地感受着、经历着、体验着"豪华版"的"焦虑套装"。在不能改变大环境的前提下，我有两点建议：

- 在家庭教育中，一定要给孩子留有自我探索和成长的空间；
- 给孩子内置两套系统，一套系统帮助他们成为自己，另一套系统帮助他们适应社会。

尊重孩子的气质类型，激活他们的潜能，有助于建构第一套系统；帮助他们形成良好的性格，从关系中获得成就感，则有助于建构第二套系统。

第二部分

优秀性格品质的培养

05

如何培养孩子勤奋、努力

在对成功人士性格特征和九种气质类型的比对研究中，我选择了将匹配度较高的九种性格与气质类型相结合：

- 根据孩子活动水平的气质特点，培养其勤奋、努力的性格品质；

- 根据孩子生理规律的气质特点，培养其自律、独立的性格品质；

- 根据孩子分心程度的气质特点，培养其安静、专注的性格品质；

- 根据孩子趋避性的气质特点，培养其勇敢、坚强的性格品质；

- 根据孩子适应性的气质特点，培养其积极、灵活的性格品质；

- 根据孩子坚持性的气质特点，培养其负责、坚韧的性格品质；

- 根据孩子反应强度的气质特点，培养其谦虚、宽容的性格品质；

- 根据孩子敏感性的气质特点，培养其诚信、友爱的性格品质；
- 根据孩子心境的气质特点，培养其乐观、豁达的性格品质。

气质方面

气质方面，可以通过调节孩子的活动水平来帮助其形成勤奋、努力的性格品质。

活动水平即活动量，有些孩子天生就比较好动、活动量大；有些孩子则天生比较喜静、不喜欢动。每一项衡量标准两端的极值都会表现出较多的劣势。如果太爱动，可能就会变得粗心、毛躁，需要安静的时候坐立不安；如果太喜静，就会懒言少语、离群索居。如果从活动量低的一端到高的一端的评分为1~10分，平均分为5.5分，那么孩子保持在7~8分更有利于培养其勤奋、努力的性格品质。为此，父母可以如何做呢？

对于活动量低的孩子，从玩动手游戏开始

3~7岁是儿童精细动作发展的关键阶段，手部的神经连接在大脑额叶皮层投射的面积最大，所以动手活动越多，对大脑发育的积极刺激作用越大。比如，撕纸、抓东西、抠小洞、拼插积木等游戏都可以提高大脑的兴奋程度。

对于7~12岁的孩子，父母可以带着孩子多体验体能消耗较大的运动和游戏，如追跑、骑平衡车、踢足球等，最好是由父亲陪着。有研究表明，父亲能让孩子的游戏变得更有趣味，活动量也会更大。北京师范大学的心理学教授钱志亮建议，父亲尽量每天晚上都能陪着孩子去一个宽阔没车的地方，尽情地奔跑、跳跃，玩各种游戏，出一身汗后再回家，这对孩子来说是极好的！

对于活动量高的孩子，要在家里营造安静氛围

父母可以和孩子一起看书，也可以和孩子玩小声地和对方说话、假装去图书馆的游戏等。对于 7 岁以上的孩子，让其每天保持 30 分钟的写字时间、一小时左右的阅读时间、一小时左右的独自游戏时间。在养成习惯后，孩子就能养成动静有别的意识和习惯。

教养方式方面

除了从气质方面培养孩子勤奋、努力的性格品质外，还可以从教养方式方面来培养。

父母要学会放手

父母要少包办，多创造机会让孩子自己做事情，对孩子的努力给予肯定。勤快的孩子多有一个懒妈妈。父母常常认为孩子太小做不好事，其实是害怕孩子做不好，事后还得是父母去收拾"烂摊子"。美国著名人格心理学家埃里克森认为，如果孩子在 3~7 岁时能有更多参与和探索的机会，并在努力后获得肯定、认可，他们便有了意志力和目标感，并能在以后更加努力学习、勤奋工作。因此，父母要避免事事包办，这样孩子才能勤奋、努力。

父母应以身作则，做好榜样

如果父母总是无所事事，整天都是刷手机、打麻将，那么孩子也会模仿父母的行为，并觉得生活很无聊。如果父母能勤于整理家务、主动看书、学习，常常跟孩子探索一些问题的答案，跟孩子分享一些奋斗的故事，时不时地和孩子一同准备早餐、早起跑步，偶尔带孩子上一天班，孩子就能意识到，生活应该是丰富多彩的，只有努力才能把握机遇！

教育家苏霍姆林斯基说过:"如果童年的欢乐就是坐享其成,就必然会养成心灵的懒惰。"

的确,这会养成不想学习任何技能的毛病,心灵的懒惰也会导致思维的惰性,这是很可怕的。多年的经验使我懂得一个真理,而且我也认为这是最重要的教育规律之一:**要告诉孩子,勤奋、努力是非常昂贵的精神财富,一旦拥有,此生不负!**

注重过程

有些父母注重结果,看到孩子没有做到什么,就妄下定论说这个孩子不努力、太懒惰。比如,孩子已经很努力地收拾过玩具了,最后还是可能会让地面显得不够整洁。由于父母、孩子对"收拾玩具"的标准不同,因此评判结果也会不同。

有情商专家指出,认识到努力能弥补能力的不足,对7~12岁的孩子来说至关重要。父母需要注意,**要充分肯定孩子的努力,这比表扬他取得的成绩重要得多。**

因此,要想让孩子勤奋、努力,就不要将目标定得太远,不要将要求定得太高,结果要具体,过程要鼓励。

帮孩子设定他喜欢的、可实现的目标

研究证明,忙碌的人比懒惰的人更快乐,但是没有目标的瞎忙所带来的罪恶感会扼杀这种快乐。因此,父母要让孩子忙起来,首先要帮孩子设定有建设性的目标。比如,如果孩子想早起,那么父母可以适当地帮助孩子明确自己做事的目标(如"六点钟起床后读一本绘本"),并将大目标分解成小目标(如第一周先克服赖床的习惯,第二周比平时起床的时间提前五分钟,第三周再比第二周的起床时间提前五分钟,依此类推)。如果孩子平时看起来很懒惰,但若能帮他设定一个他喜欢的、可实现的目标,那么他还是愿意忙起来的。

给孩子分配任务,并赋予他责任

因此,要改掉孩子懒惰的毛病,积极而有效的方法是给他分配任务,并赋予他责任。每个人都是有责任感的,只不过有时意识到了,有时没有意识到。因此,父母在平时生活中应多给孩子一些这样的机会。比如,让孩子照顾一盆植物,每天定时浇水,并仔细观察、记录植物的成长。或是照料家里的宠物狗或猫,让孩子体会通过自己的勤劳而获得成果的喜悦,并承担起照料弱小的责任。当然,在照料的过程中一定会付出艰辛,父母要做的就是及时鼓励孩子并称赞孩子的良好表现,让孩子有成就感,提高自信。

适当让孩子尝尝懒惰的后果

孩子的懒惰和家人的娇纵有直接关系,因此父母可以在适当的时候让孩子尝尝懒惰的后果。比如,因为没有自己整理玩具而造成的玩具丢失、找不到;因为懒得自己整理书包而造成第二天上学忘带作业;因为早上赖床而导致上学迟到或是没时间吃早餐饿肚子等。让孩子亲身经历这些后果,才能提醒孩子,要提前做好这些事,否则只能自食其果。

还有一种懒惰是容易被父母忽视的——不是身体上的懒惰,而是思维上的懒惰。这种懒惰指的是孩子缺乏这个年龄该有的好奇心、探究精神,这会直接影响孩子的学习。造成孩子思维懒惰的原因多种多样,如在孩子提出问题时,父母会迅速直接给出答案,或是表现得不耐烦,甚至是对孩子的奇思妙想给予否定和批评。

> **小贴士**
>
> **日常生活中,父母应注意哪些事情**
>
> ❶ 不要阻碍孩子做自己的事情:当孩子主动去做自己的事情(如倒水、穿鞋、收拾玩具、整理内务、拖拖地、擦擦桌)时,父母在一旁看着就好。
>
> ❷ 回应孩子的好奇心:好奇心是孩子认识事物最初的心理,也是他们探索世界和解决问题的第一步。孩子的每个问题都表明了他的成长,因此,父母应对孩子提出的每个问题都认真回应。
>
> ❸ 为孩子提供独立的机会:孩子到了七岁以后,可以给他们更多自己做事、自己感受的机会。比如,让他们去买自己喜欢的食物、分配零用钱、参与家庭事务的讨论、制订计划、参加夏令营、做顿饭等。

事实上,往往并不是孩子做不到,而是父母没有给他去做的机会。当孩子不努力做事情时,如果父母采取催、骂、打、吼的方式,就只会让事情越来越糟。

为什么上了小学的孩子容易沉迷网络游戏?因为游戏世界的逻辑是这样的:只要我努力通关,我就可以得到赞美、认同、价值感和各种装备(即时奖赏)。然而,现实世界的现状是这样的:作业不会做、总挨爸妈训、老师不喜欢、同学不待见,日子越过越没劲。相比之下,网络世界多有趣!

一旦孩子沉迷游戏,他在现实世界的成就感就很难建立。因此,父母一定要陪孩子在真实世界中感受勤奋、努力带来的成就感,帮助他们建立真实和可延迟的自我满足。卡耐基曾说,凡是成就一番事业的人，往往不是那些幸运之神的宠儿，反倒是那些"没有天生机遇"的苦孩子。如今生活条件好，受苦的机会少，父母要有意识地培养孩子吃苦耐劳、勤奋、努力的性格品质。无须刻意制造困难让孩子克服，只是让孩子做好他自己的事情就可以了。在孩子说"我不会、我不想、我不行、我不能"的时候，父母可以说"再试试、再想想、再练练，再努力一把"。古话有云"勤能补拙""天道酬勤"，就是说没有做不好的，只有练习不够的。因此，如果父母在眼下图省事代孩子做，后续就要劳心劳力一辈子。

切记，教育的重要目标之一，就是要培养孩子独立生活的能力。

06

如何培养孩子自律、独立

孩子自律，父母省心。自律的孩子知道什么时间该做什么事，无须被父母催着写作业，也无须让父母担心自己会沉迷网络游戏。一般而言，自律的孩子都有良好的习惯，也更独立，能自己的事情自己做，且说到做到。

对于3~7岁的孩子，自律和独立是相对而言的。从身心发展的阶段特征来看，这个阶段是培养孩子自律、独立的启蒙阶段。这个阶段的主要任务是建立习惯系统，习惯是大脑自动化加工后形成的一系列认知行为表现，是在不断刻意练习、自我约束、获得自信的过程中养成的。大量研究也表明，拥有良好习惯的儿童，更自律、更独立，且童年时期养成的习惯会影响其终身发展。接下来，我将从气质和习惯养成的角度聊聊如何培养孩子自律、独立的性格品质。

气质方面

习惯的养成，同样需要尊重孩子的气质。从气质的角度讲，你要了解自家孩子生理规律的特点。前文讲过，生理规律性强的孩子,什么时间做什么事情相对固定,到点就能睡,到点就想吃,到点就能如厕。你肯定特别羡慕,但其实也有利有弊!好的方面是,这有利于习惯的养成。不好的方面是,这样的孩子变通性比较差,如果换了地方,计划有变,孩子可能就会出现闹情绪、拉肚子、便秘等各种不适反应。规律性弱的孩子则做什么事情都没准,父母需要去猜孩子是饿了、困了,还是要拉了;或者孩子难入睡,难吃饭,难起床,总感觉什么都没谱,什么都在变。显而易见,这样的孩子不是很容易就能形成习惯,需要更漫长的过程让他们对时间有概念。不过,规律性弱的孩子也有好的一面:他们面对各种状况都会想去尝试,经验多了,自然更有智慧,认知更有灵活性,通俗地说,就是脑子够用。因此,这也在一定程度上解释了气质无好坏之分。

如何利用好孩子生理规律的气质类型,促进儿童自律、独立的性格品质形成呢?对于规律性差的孩子,我为大家提供三个方法。

第一,要容忍孩子在更长的时间里不断调整生物钟,如1~2年。不要因为别人家的小孩四岁就不尿床了,自家的孩子到了六岁还尿床就很着急。我记得我儿子五岁还尿床呢,每次我们都一起想办法,几个月后就顺利过渡了!

第二,如果父母可以跟孩子一同入睡、一起吃饭,那是最好的。有大人陪伴会比让孩子独自去面对更容易形成习惯。

第三,每天都有相对固定的时间做相同的事情,如每天的户外活动、三餐都有固定的时间,以及睡前一小时开始洗漱、半小时开始讲故事等,具体做什么由各家的生活方式决定。

最后要注意,一旦制定了时间表,就要至少坚持一个月,不要轻易改变。父母必须坚持,不要总说"今天加班,得晚点睡""今天没空,不讲故事了"。只有父母先做到,孩子才会跟着学,这就是所谓的身教。

习惯养成方面

对于规律性差的孩子，父母需要在培养孩子对时间形成了概念的基础上，再建立习惯系统。学龄阶段前，最重要的是建立以下三种基本的生活习惯系统。

第一，饮食习惯方面，让孩子定时、定点、自己拿筷子吃饭，做到不挑食、少吃零食、少喝饮料，父母不要追着孩子喂。

第二，睡眠习惯方面，不超过 10 点入睡，确保每天的睡眠时间至少为 10 个小时，睡前不要吃得过饱。如果家庭条件允许，建议让孩子午睡，时间为一个小时左右。

第三，运动习惯方面，根据 2017 年《中国儿童青少年身体活动指南》，针对 6~17 岁的儿童青少年身体健康活动给出的建议如下：

- 保证每天至少 60 分钟的中、高强度身体活动，如跑步、骑自行车、各种球类运动等；
- 每周至少三天的高强度身体活动，增强肌肉力量、骨骼健康的抗阻活动，如快速跑步、快速骑自行车、剧烈球类运动和仰卧起坐、引体向上、高抬腿、哑铃操等；
- 每天限制屏幕时间在两小时内。

对于规律性好的孩子，习惯的养成要简单、容易得多。观察孩子的生物钟规律，顺应他们的时间节奏，不断重复。为了让他们灵活性和适应力更强，父母可以在帮孩子建立习惯的过程中试着做到以下三点。

第一，有意识地改变计划中的一些事情，让孩子知道意外时有发生，要学会顺其自然。当孩子有情绪或躯体反应时，父母也不要焦虑、烦躁或抱怨，因为这些都是孩子适应的过程。

第二，让孩子自己动手做事情。自己吃饭，自己洗手，大便后自己擦屁股，自己穿衣穿鞋。即便很多孩子生活很有规律，但如果都是大人在做事情，那么他们将难以形成自律和独立的性格。

第三，常和孩子玩头脑风暴的游戏。在外出旅游时，很多生活习惯都会受到挑战，如不能按时吃饭、睡觉，总是很赶时间。父母不妨在外出前跟孩子进行头脑风暴，讨论一下如果遇到这样的情况该怎么办。孩子很可能会想出诸如在车上补觉、带些家里做好的熟食、减少睡前阅读时间或调整旅行安排等建议。这样的练习可以帮助孩子更好地适应外界的变化。

除了从气质角度出发，哈佛大学著名的心理学家M.斯科特·派克（M. Scott Peck）在《少有人走的路》(The Road Less Traveled)一书中，提到两个培养孩子的自律和独立的方法，我在此推荐给大家。

第一，培养孩子延迟满足的能力，训练孩子为了实现目标做出更正确的选择。

> **案例**
>
> 我儿子四岁时，有一次我和他约定好周六去看电影，因此取消了这周每天的15分钟电视时间。可是，到了周五他非常想看电视，我说："如果你现在要看，明天的电影就不能看了，如果你现在忍住15分钟不看，明天将能看一个半小时的大电影，你会选择什么？"最后他坚定地说："我不看电影了，就看电视。"我同意了。第二天，我们带着姐姐去看电影，儿子自然哭了很久。我抱着他说："我很难过你没有和我们一起看电影，我也知道你现在哭是因为你很想看电影。"儿子说："嗯，我真的做了一个很糟糕的决定。"我说："但我相

> 信你以后在这样的事情上会做出正确的决定。"儿子说:"嗯,我知道了。"我看着他,笑着说:"等这部电影在电影院下线,咱们可以在家看的时候,你可以补上。不过,在那一周,你每天15分钟的电视时间将会合并到那天看电影所占用的一个半小时时间中,如何?"儿子高兴地说:"嗯,我这次一定选择看电影。"

记住,**延迟满足的核心是满足,而不是延迟**。通过延迟满足,让孩子学会等待,这就需要自控能力和自我约束的能力。

第二,承担责任。让孩子为自己的行为负责很重要。比如,当父母看到孩子房间一团糟时,常会这样批评孩子:"你看你,弄得跟个猪窝一样,又得我收拾!你走开,让我来收拾。"这样做,孩子既学不会保持房间的整洁,也不会为此行为感到羞愧,还意识不到自己需要为自己的行为负责。建议父母这样说:"我看到你的房间摆满了东西,咱们一起来收拾一下,让它焕然一新吧。"如果父母没有时间陪孩子收拾房间,则可以说:"请你用20分钟来收拾房间,你需要爱惜你的小屋,因为你和它是伙伴。"记住,孩子有能力为自己的行为负责,这是独立意识的开始。他们之所以没去做什么,只是因为他们不知道该做什么而已。要明确告诉孩子可以做什么、怎么做,而不只是一味地抱怨和指责,且抱怨完又替他们做事情。

最后想强调一点,**真正让一个孩子自律、独立的前提是让他有自主性**。心理学家爱德华·德西(Edward Deci)在其心理需要理论中强调,自主感、联结感和胜任感是个体健康成长最重要的三种基本心理需求。在当下的教育中,孩子之所以表现出生活上的低能和学习上的无力,主要原因就是他们没有自主感。

一方面，父母包办太多，什么都替孩子做；另一方面，父母控制太多，什么都帮孩子做决定。无论是包办还是控制，都说明父母是不信任孩子的。如果不信任，亲子关系就一定会出问题。关系一旦出了问题，双方的心理就都会拧巴！

心理学家哈丽特·勒纳（Harriet Lerner）在《愤怒之舞》(The Dance of Anger）一书中说："愤怒与爱意之所以纠缠，是因为我们在'拥有关系'和'拥有自我'之间左右为难。"

我们在维护关系的时候，很容易失去自我。我们容易错误地认为只有这样，关系中的另一方才会想要停留在这段关系中，无论是夫妻关系、亲子关系还是与原生家庭的关系。我们害怕的可能是若有人离开这个关系，就表明我是个失败的人。

其实，最让人舒服的关系是，处于关系中的每个人都既能自主决定，又能积极影响着关系中的其他人。关系中的其他人是离开还是回来，我们都欢喜。比如，在亲子关系中，父母要让孩子知道，每个人都有自己的想法和做法，父母与孩子既能彼此尊重，又能相互引导。诸如"我替你做了所有的事情/或我对你什么都不做、视而不见"，或"我要你做什么，你就做什么，不管我的要求对不对"，这些都会破坏关系，也会让关系中的人无法独立，相互裹太紧，依赖过度！

我曾研究过"心理复原力"（resilience），有的书（如《坚毅力》）翻译为"抗逆力"。简单地说，就是为什么有些草根可以逆袭？结果表明，在可以为自己做主、可以拥有自己希望的结果时，这些曾遭遇过各种不幸的孩子仍能更自律、更独立、更努力！

因此，父母应信任孩子，让他们获得自主感，引导他们不断探索，最终让他们成为自律、独立的人！

07

如何培养孩子安静、专注

很多父母都为孩子的专注力不好而头疼,有些孩子小小年纪就被父母送到专门训练专注力的机构学习,不仅花了不少时间和钱,还不见得有效。如果能够掌握儿童专注力发展的规律和技巧,巧用儿童的气质类型,那么父母在家里就可以帮助孩子训练专注力。需要强调的是,**3~7 岁是儿童专注力养成的敏感期,因此如果能在这个阶段好好培养孩子的专注力,就可以达到事半功倍的效果。**

在介绍具体方法之前,先请记住一个原则:儿童的注意力时间(分钟数)通常是他们年龄的 2 倍,有些孩子可以达到 3~5 倍。也就是说,3 岁孩子保持专注的时间通常为 6 分钟,最长可达 15 分钟左右。因此,**不能按照成人的标准要求孩子。**

既然讲顺性教育,就要从气质的角度来分析如何帮助孩子拥有良好的专注力。天生分心程度高的孩子,很容易被各种刺激吸引,视听味嗅触五感敏锐,好处是当他们感到饥饿、疲劳、害怕、疼痛或不舒服时,很容易被安抚。分心程度低的孩子(即人们常说的比较专心的孩子)很容易投入,常会废寝忘食,这是很多父母都很期望的状态。然而，这样的孩子在发脾气后很难被安抚，一旦哭起来就会哭个不停，而且常因过于专注而忽略了环境的变化，会出现身处危险却不自知的情况。

我根据上述两种孩子的情况来为父母提供建议。

分心程度高的孩子

对于分心程度高的孩子，我建议父母不要打扰孩子正在做的事情。也就是说，父母不要一会儿喂口水，一会儿塞口水果，不时地指引孩子看这儿看那儿，也不要总是担心孩子渴了、饿了、是不是要上厕所了。分心程度较高的孩子如果产生了上述需求，他们就会随时表现出来，而不会不说、不闹地造成问题的拖延和扩大。因此，父母只需安静地观察和陪着孩子，让孩子更专注地去做自己正在做的事情，就能慢慢提高孩子的专心程度。此外，还要让家里的环境保持相对安静，家人说话的声音也不要太大。在我曾经的一个咨询个案中，孩子小时候是由姥姥姥爷带大的，他们耳背，和孩子说话时声音很大，看电视时声音也很大，因此这个孩子很容易走神，玩玩具的时间常常超不过三秒，做事也坚持不了一分钟。

此外，父母还要多多陪伴孩子，而不是把孩子交给电视。有了父母的陪伴，孩子不仅能感受到爱和温暖，还能观察父母专注做事（如看书、做家务等）的样子，从而让孩子更专注地做事。就算父母没有时间陪伴孩子，也不要把孩子交给电视。尽管孩子在看电视时往往都很专注，但是那种专注被称为"无意注意"，就是孩子不需要通过努力的专注，这种专注力对学习没有帮助。有研究表明，由电视陪着长大的孩子会表现出不同程度的多动障碍。对于3~7岁的孩子，建议他们每天看电视的时间不要超过30分钟。

父母还应让孩子多做动手的活动。孩子在动手的时候，需要用到大脑中主管控制、学习的前额叶皮质。越动手，孩子的动作控制能力越强，他们就更容易沉浸其中，慢慢变得越来越专心。搭积木、剪纸、做手工、系扣子、系鞋带等，这些都是孩子们很喜欢的动手活动。

帮助孩子尽快形成习惯也很重要。在培养好习惯的过程中，专注力可以起到加速作用，如一边唱歌一边洗手、一边刷牙一边听有关牙齿的故事，这些有趣的游戏化方式能帮助孩子更快地养成良好的习惯。不过，父母在希望孩子做什么的时候，一定要先观察孩子在干什么，然后再说话。有很多父母是想到什么就让孩子去做什么。比如，孩子正在吃饭，父母就唠叨孩子作业还没有写完，使得孩子连饭都没吃好就被催着去做作业。或者，孩子正在观察蚂蚁，父母觉得这又脏又无聊，拉起孩子就走。这些的行为都会阻碍孩子专注力的培养。

需要强调的是，虽然容易分心是多动症（专业术语为"注意缺陷/多动障碍"，简称ADHD）的表现之一，但不要轻易就给孩子贴上"多动症"的标签。从临床咨询的数据中可以发现，如果有四个孩子因多动而去就诊，那么很可能有一人是因运动太少所致，一人是因睡眠太少所致，一人是天生活跃，只有一人才真正患有多动症。如果父母怀疑自己的孩子可能有多动症，那么一定要去医院的精神科做专业的诊断。

分心程度低的孩子

由于分心程度低的孩子常常会因为专注而没有留心到周围的环境变化和危险，因此父母不仅要做好安全的防护工作，还要发展孩子的注意品质。

注意的品质包括以下四个方面。

注意的稳定性

注意的稳定性是指人在一定时间内，比较稳定地把注意集中于某一特定的对象与活动的能力。这也是绝大多数人理解的专注力，上课开小差、溜号、不听讲做小动作、分心都属于注意的稳定性范畴。以上介绍的方法多是针对如何提高孩子注意的稳定性的。

注意的广度

注意的广度就是注意的范围有多大，通常是指人们对于所注意的事物在一瞬间内清楚地觉察或认识的对象的数量。孩子年龄越小，注意的广度越小。也正是因为他们只看见眼前的狭小范围内的事物，所以常常会出现一些安全问题或做错事情。要不怎么说"人越大越能'顾全大局'"呢，这就是由认知发展的规律决定的。

对此，父母应注意拓宽孩子注意的广度。外出时，可以用这样的话语引导孩子多观察："你看见……了吗？""你发现……了吗？""你听到……的声音了吗？""你注意到……有什么变化了吗？"促进他们在同一时间可以接收更多感觉信息的输入。

注意的分配

注意的分配是指一个人在进行多种活动时如何把注意力分配到不同活动中的能力。比如，孩子在课堂上一边听一边写，成年人一边听广播一边开车等。这是进化的结果，因为注意力是有限资源，就像肌肉力量一样是可以被消耗的，只有把有限的注意力放在重要的事情上，才能达成最终的目标。不满七岁的孩子在说一件事情时，往往会暂停其他动作，也就是说，他们很少一边说一边做。这是因为说话时需要调动大量的神经元，组织语言并表达出来不是一件很容易的事。上小学后，孩子在这一点上就会好点。我女儿上小学后不久，有一天告诉我，她可以一边拉琴一边说话，而且没有拉错。虽然这不是我鼓励的行为，但由此可见，孩子注意的分配品质提高了。

如何提高孩子注意的分配品质？既可以和孩子玩这类游戏（如一手画圆一手画方、一手搓大腿一手拍大腿），还可以在同一时间让孩子去做需要将注意力分配给不同事情的任务（如一边刷碗，一边听故事），这对孩子日后的学习也很有帮助。

注意的转移

注意的转移是指一个人能主动地、有目的地及时将注意从一个对象或活动转移到另一个对象或活动上。注意的转移体现了思维的灵活性和对信息的加工速度，这就不难理解为什么年龄越小的孩子看起来越像是"一根筋"——他们会坚持说完自己要说的话，无论被打断多少次；他们闹起情绪来很难转过弯等，这都属于注意的转移。提高孩子注意转移的品质，能让孩子减少"不撞南墙不回头"的执拗和无所畏惧的错误坚持。

注意的转移不同于注意力分散，二者区别在于：（1）后者是无意识的，而前者是有意识的；（2）后者会导致降低做事的效率，并使需要持续操作才能成功的事情不能达到预期的目的，而前者能提高做事的效率，使具备不同组成部分的事情实现较为均衡的发展。比如，语文课下课后，学生就要把注意力有意识地从语文课转移到接下来的课上，如果在上下节课时还想着语文课上的内容，下节课就上不好了。因此，在帮助不满六岁的孩子做时间安排时，不能要求孩子连续 30 分钟做同一件事情，可以穿插不同的学习任务，让上课、游戏、大运动、阅读、精细运动错开，这样就能帮助孩子逐渐形成能够正确地进行注意转移的能力。

此外，多跟孩子玩球类游戏、折返跑、接力赛、扔飞镖、接飞盘等运动，可以同时培养孩子注意的稳定性、广度和分配。

08

如何培养孩子勇敢、坚强

> **案例**
>
> 男孩，五岁。妈妈反映他动不动就哭，摔一跤哭，被人轻轻碰一下也哭，让别人感觉他特别娇气。要是他的手受伤流血了，他就会号啕大哭。其他小朋友早就可以滑滑梯了，他什么都不敢尝试，说害怕摔了疼。妈妈很发愁，说："他怎么这么不勇敢、这么不坚强呢？他可是个男孩子啊！要是再继续这样下去，等他长大了可怎么办啊？"

相信绝大部分的父母都希望孩子勇敢、坚强。勇敢是不怕困难、有勇气、敢挑战；坚强意味着遇到困难不退缩、意志坚定不动摇、不达目的誓不罢休。有些孩子才三四岁，但是很皮实，磕了碰了都不在意，哪儿有危险就往哪儿冲，爬树、跳坑都无所畏惧，大家常说"这孩子真勇敢，真坚强"。有的孩子都七八岁了，连独自下楼扔垃圾都不敢，稍有不顺心就大哭。

说到勇敢、坚强，先天的气质类型的确有很大的影响，尤其是对新环境和困难的趋避性（又称初始反应），个体差异真的非常大。有些孩子初始反应积极，可以迅速适应新环境，对新鲜刺激和挑战都充满了兴趣和期待，就算失败了也没关系，还会不厌其烦地从头再来。初始反应消极的孩子，一旦遇到问题或困难就会先躲起来，常常表现出拒绝和害怕。

有个很典型的场景，能体现出这两种气质类型的孩子的差异：在气垫滑梯上，有的孩子乐此不疲一遍遍地从最高处尖叫着滑下来，哪怕摔得人仰马翻，也会拍拍屁股站起来，再笑嘻嘻地爬上去；有的孩子看到那么高就坚决不上去，如果在蹦的时候摔倒了或是不小心碰疼了，就拒绝再玩了，父母再怎么鼓励也无济于事。

为什么孩子会不够勇敢、坚强呢？原因有二：（1）气质类型中趋避性的差异；（2）家庭养育中对孩子保护过度。接下来，我将分别阐述父母该如何培养孩子勇敢、坚强的品质。

顺应孩子的气质

认知层面：让孩子理解勇敢和坚强的含义

对于3~7岁的孩子来说，"勇敢"和"坚强"这两个概念很抽象，因此可以借助具象的方式让孩子理解。比如，可以通过一些故事（如《司马光砸缸》《神笔马良》《小飞侠彼得·潘》）和动画片（如《勇敢传说》）让孩子知道勇敢的行为有哪些，坚强是什么样的，对勇敢和坚强有一个较为具象的认知。

行为层面：越体验越勇敢、坚强

> **案例**
>
> 男孩，五岁。这孩子刚爬上小墙垛，姥姥就喊："哎呀，宝宝，那么高，快下来，别摔着了！"孩子看到花圃里有水，刚要去，姥姥又喊："哎呀，宝宝，那么凉，冻感冒了怎么办？"孩子用手刨土，姥姥瞪大了眼睛喊："哎呀，宝宝，这土扬到眼睛里可怎么办？"结果，这孩子到现在连秋千都不敢荡，只能眼巴巴地看着那些在秋千上快乐玩耍的小伙伴。

孩子如何认知安全呢？什么都不做，孩子是不可能知道什么是安全、什么是不安全。只有自己亲身体验了才知道什么是不安全、什么是安全，以及如何减少不安全的成分。比如，滑滑板、滑轮滑、骑自行车其实都是有风险的，所以在玩的时候才需要佩戴防护装备，而且即使都佩戴好了也不能保证完全不会受伤。如果孩子喜欢、想要尝试，那么父母要不要给孩子机会呢？其实，孩子体验多了，就能做到以下两点：

- 增长经验，知道在哪里玩时要小心、哪里的树木有刺；
- 对接下来的困难有了心理准备，即使害怕，只要获得鼓励就不会打退堂鼓，他们在内心对自己给予肯定和信任，这些都是从不断的磕磕碰碰的体验中获得的。

因此，保护孩子的最好方法不是让他们什么都别去做，而是让他们什么都试试。当然，安全第一！但别把安全的范围扩大了！

情绪层面：让孩子拥有希望

当孩子不敢尝试或哭哭啼啼时，父母常会说"勇敢点，这有什么啊，至于吗"，或者"别那么胆小，太不像个男子汉了"，这不仅会伤害孩子的自尊，还会破坏孩子再次尝试的勇气。正确的做法是，微笑地看着孩子，坚定地说"我相信你行的，再试试看，我在陪着你"，或是"看来，我们还需要思考一些其他的方法来解决这件事"。孩子从这些话语中能感受到：（1）我可以再试试，即使做不到也没关系；（2）办法总比困难多。这样，孩子就会一直对解决问题抱有希望，从而更为勇敢、坚强。

再补充一点：父母要有耐心，要试着多次鼓励孩子。因为有的孩子只需十几分钟就能适应新环境，有的孩子则可能需要几十分钟才能适应。因此，父母可以用语言、眼神，以及接纳的态度多次鼓励孩子，不要一次无效就放弃了，孩子需要一点一点地积累勇气。

态度层面：不要给孩子贴标签

如果父母常说"你看你怎么这么胆小、这么娇气，什么都干不了"，这些话语就会像标签一样贴在孩子身上，不断强化孩子是胆小的、娇气的、什么都干不了的。这样一来，孩子也会这么认为自己，并变得越来越胆小、娇气。这就是心理学中讲的"自我设限"。因此，父母要相信孩子只是表现得没有那么积极和迅速而已，这意味着孩子并不是不能有这样的行为，而是取决于父母如何去引导孩子并给孩子提供机会。

父母要对孩子适度保护

如今，安全隐患日益增多，这使得很多家长都忧心忡忡，在养育过程中难免会对孩子过度保护，使得孩子更胆小、更娇气。如何做到适度保护呢？我有两点建议。

培养孩子独立思考问题和解决问题的能力

孩子到了三岁以后，只要多加练习，就可以独立做很多事情，如吃饭、洗手、穿衣、擦桌扫地、洗碗盛饭、摆桌倒水等。父母常考虑时间比较紧张，孩子又做得不好，要是弄不好还得返工，于是剥夺了孩子独立做事而获得的快乐和成功体验。然而，正是这种成功经验为孩子敢于探索、善于克服困难奠定了基础。如果凡事都要包办，孩子就会变得依赖。

保护性撞墙

现实中，总有一些困难和挫折是必须由孩子来独自面对的，父母无法阻隔困难和挫折本身。因困难和挫折而产生的情感体验和克服挫败感的情感体验，对孩子的成长而言特别宝贵。因此，父母应放手让孩子去探索，只要让孩子在探索的过程中知道父母一直在他身边就好。

所谓"保护性撞墙"，就是给孩子探索的机会，让孩子自己做选择和决定，同时允许孩子承担自己选择的结果。但在孩子磕磕碰碰的探索过程中，父母要扮演好观察者和引导者的角色。这种策略适合三岁及以上的孩子，因为这个阶段的孩子的探索欲望和好奇心爆棚。

举个例子。当孩子看到长满了刺的仙人掌时非常想摸摸，如果父母在此时对孩子说"不行，仙人掌不能摸"，或者只是简单地阻拦孩子，那么孩子一定会趁着父母不在的时候去试着摸摸。事实上，仙人掌并不会对孩子造成太大的伤害，因此父母只需用严肃的表情告诉孩子"疼，扎手"，就能对孩子起到警示作用。如果孩子还是好奇，那么不妨让孩子轻轻地摸一下。如果孩子因为扎手而大哭，父母在此时千万别幸灾乐祸，而是要及时给予安慰，因为孩子在完成探索后需要获得安全感。这样一来，孩子在下一次需要探索时就可以充满勇气和力量。同时，可以告诉孩子，这就是他体验到的结果。孩子也可以由此懂得权衡和判断——仙人掌确实扎手，以后再见到这东西可要小心了。

孩子到了七岁后，期望尝试的东西更多。因此，父母在此时就不要要求得太多，不要总是跟孩子说这个不能做、那个你做不好。

成长，就是要不断地尝试、体验，去做自己想做的事！

09

如何培养孩子积极、灵活

> **案例**
>
> 男孩,快四岁了。每天去幼儿园都很痛苦,走一路哭一路,怎么劝他都不想去。到了幼儿园,他哭得更厉害,什么都不干。中午,其他小朋友都睡觉了,他一个人搬个小板凳坐在一边发呆。其他小朋友玩的时候,他也是一个人坐在小板凳上,根本不去参加集体活动。他入园快半年了,至今还是不能适应。他的父母对此感到很担心,不知等他以后上小学、中学时该怎么办。

父母都期望孩子能快速且顺利地适应新环境,这样无论是进幼儿园还是幼升小,都会让父母省心很多。事实上,能否快速适应环境也是衡量一个人心理是否健康的标准之一。大量的研究表明,适应性强的孩子愿意接受挑战,勇于克服困难,有较强的问题解决能力,勇敢、自信,在任何群体中都会是出类拔萃的人。而适应性弱的孩子则是无论走到哪里，都会让父母担心。

气质类型中的适应性是指孩子初始反应由不积极转向积极的难易程度。那些不容易转变（即适应性弱）的孩子，对任何新异刺激都会表现出抗拒、躲避、否定或害怕、担心，甚至是恐惧，他们很可能会对父母认为的"新鲜好玩"的事物或活动产生截然不同的体验。如果父母着急，就会认为孩子胆小懦弱，甚至会觉得"恨铁不成钢"，总觉得自己的孩子比不过别人、没出息，但这只会让这样的孩子更难适应新环境。要知道，**适应速度慢并不代表着不能适应**，只要掌握了科学方法，就可以加快孩子转变的速度。

如何让孩子更为积极地适应新环境

创造变化的环境，提供丰富的刺激

我曾与本章开篇案例中的妈妈聊过，她是一位全职妈妈，独自带孩子，身体不太好（腰椎间盘突出），常常累得不想动，因此很少抱孩子，这很可能就是导致孩子在长大后对触碰过于敏感甚至是抵触的原因——在孩子看来，被碰触是不安全的。

很多父母为了防止孩子乱跑受伤，在孩子一岁半前，常会把孩子放在有栏杆的床上或是带防护栅栏的一小片区域里。孩子到了两岁后，到处乱跑，而且速度很快，老人们常常会担心抓不住孩子，于是很少带孩子外出。这样一来，孩子就会很害怕陌生环境。对这些孩子来说，如果可以有更多新鲜刺激的输入，他们就能慢慢适应，只不过他们适应的时间比较长。如果父母有足够的耐心，孩子就会渐渐对意外刺激脱敏，也就是说，尽管他们仍然会拒绝、害怕新刺激，但他们拒绝和害怕的时间会越来越短，反应会越来越小，情绪也会变得越来越积极。此外，父母还要注意，在给孩子创造环境后，要允许孩子去自主探索，不要总要求他们做这个、做那个，反过来还觉得"我辛辛苦苦给你创造条件，你却不珍惜"。切记，这是父母的想法，不是孩子的想法。孩子只是需要更长的时间做准备和试探而已！

环境、鼓励、耐心，一个都不能少！

让孩子更早地自力更生

父母需要有意识地让适应性弱的孩子更早地自力更生。这听上去似乎有些残酷，但这对他们来说是非常有必要的。适应性弱的孩子会本能地对需要自己动手的事情产生排斥，但越排斥，他们的体验就越少，对环境中的变化就越难以忍受。父母常走入这样的误区：因为孩子拒绝、排斥或表现出恐惧害怕，担心他闹情绪或发脾气，于是就不再让孩子尝试或不再鼓励他继续，反而说"不想做就算了，没事，我来"，或是认为孩子还小，长大就好了。然而，这并不能帮到他们，而且随着年龄的增长，这种现象也不会有所好转，甚至可能会越来越糟。

陶行知先生说，生活即教育。孩子的智慧和良好性格正是在一桩桩生活事件中养成的。因此，越早让孩子自力更生，他就能越早地适应生活的变化。针对不同年龄段的孩子，可以让他们去做不同的事情：

- 3~4岁，扔垃圾、收拾玩具、洗脸、穿衣穿袜、叠被等；
- 5~7岁，饭前摆好碗筷、饭后收拾餐桌、按颜色把要洗的衣服分类、洗袜子和内裤、收拾小书包、整理自己的物品、擦桌子、拖地、清洗瓜果蔬菜等；

- 7岁以上，自主学习，周末做家务，整理自己的衣物、床铺、学习用品等。

教孩子用积极的方式进行自我对话

当孩子面对新的刺激时，他的内部语言可能是"这个太可怕了""我不喜欢这样""我会受伤的""我会疼的""我讨厌被别人要求和命令"。这些消极的自我对话会阻碍他改变和适应。要想改变孩子的这些内部语言，就要教孩子用积极的方式进行自我对话。

以本章开篇案例为例。孩子不愿意上幼儿园，是否可能存在以下原因：

- 不想跟妈妈分开，一整天都看不到妈妈，很想妈妈；
- 幼儿园里的游戏不好玩；
- 其他小朋友不够友好；
- 老师没有听到他哭。

妈妈可以根据孩子提到的上述原因，分别用另一种语言重新表述：

- 妈妈上班、宝宝上学，妈妈会在晚上你放学的时候接你回家；
- 你可以在幼儿园选择你喜欢的游戏，你在家里积木就搭得很好啊，妈妈相信你，你在幼儿园也一定可以找到自己喜欢的游戏，并且玩得很好；
- 我相信肯定有小朋友愿意跟你玩，他们也许正等着你去打个招呼；

- 老师没有听到你哭，说明你已经能控制好自己的情绪，能够慢慢变得平静了，这是多棒的改变啊！

将孩子的自我对话由消极转变为积极，要注意以下几点：

- 不要否定孩子的想法，不要说孩子想得不对；
- 不要觉得孩子在找借口；
- 从父母的角度重述问题。

只要不断地引导孩子练习，孩子就能学会用积极的方式进行自我对话。

让孩子听到不同的声音，提高认知灵活性

心理学研究表明，认知灵活性与积极适应性有较高的相关性。如果孩子可以在认知、情绪和行为上表现出更多接纳并愿意做出调整，就说明他们对外界环境和困难的适应能力更好。

判断一个人的灵活性如何，可以通过以下几点：

- 对同一件事情，有多少种想法；
- 对同一个问题，有多少可实施的解决问题的方法；
- 可以在多大程度上接纳他人的意见并做出改变。

3~7岁的孩子正在经历执拗的敏感期，他们有自己的想法并坚信只有一种做法才是对的，这是由他们非黑即白的思维特点决定的，因此不要试图改变他们的做法。可以接受孩子的做法，并耐心地告诉孩子，还有其他可能，然后一一列举出来，并带着他去体验。此外，还可以借助头脑风暴的方法，激发孩子产生更多的想法，并想出更多的好办法。这样一来，适应性弱的孩子就能不再执

着于无法改变的事情,并看到如何做可以让事情发生变化。

还是以本章开篇案例为例。如果孩子一直坐在小板凳上,那么首先应该让孩子知道坐在小板凳上这件事情本身并没什么不好。比如,坐在那里,可以让他的情绪慢慢平静下来,可以让他感到安全,还可以在小板凳上看书、听故事。同时,也要让孩子知道,就算离开小板凳也不是多糟糕的事情,他可以站立、跑、跳,以及去做游戏。不过,别期望一和孩子说完就会立刻发生奇迹,功夫在平时。

最后补充一点,父母还要帮助适应性弱的孩子找到自己的生活节奏。对此,需注意以下几点:

- 不催促、不比较;
- 不"行贿",即不要用过多的物质奖励误导孩子;
- 不羞辱,即不批评、不诋毁、不贴标签,要全然地接纳孩子;
- 不谈判,即不要总跟孩子用"你如果……,我就……""你如果不……,我就不……"的句式说话;
- 不要同时对孩子提两个以上的要求;
- 不否定,如果孩子做对了就要给予赞美,做错了就要给予鼓励。

10

如何培养孩子负责、坚韧

> **案例**
>
> 女孩，七岁。孩子刚开始学琴时，兴趣盎然，可很快就不想坚持了，无论怎么鼓励都没用。钢琴也买了，老师也请了，都花了不少钱。妈妈对此很纠结，说："孩子要是不学了，这一切不就都浪费了吗？我该怎么办呢？怎么才能让孩子继续练琴呢？"

相信这是很多家长都关心的问题，也反映了父母很在意孩子是否坚韧，即是否有坚持力。"锲而舍之，朽木不折；锲而不舍，金石可镂。"坚持性就是不怕挫折、失败，能克服困难，坚持达到目的的意志品质。卡尔·威特（Karl Witte）说："父母应该把培养孩子学会坚持不懈作为一项重要的教育内容。"有恒心、有毅力、坚持不懈是一种良好的心理品质，这种心理品质不是生来就有、自发形成的，而是在教育和实践过程中，经过锻炼和培养逐渐形成的。因此，坚持力是成功人士必备的性格品质。让孩子学会为自己的行为负责，是培养孩子坚持力的方法之一。

孩子易放弃，怎么办

孩子坚持力的长短与气质类型中的坚持性有关。易放弃的孩子在遭遇困难时会产生更多的畏惧情绪，以及退缩、不想继续坚持的行为。因此，针对易放弃的孩子，我想给出以下建议。

引导孩子不要急功近利

有些父母让孩子参加各种兴趣班，并不是因为孩子喜欢，而是父母希望借此炫耀，让孩子成为其他家长眼中的"别人家的孩子"。

> **案例**
>
> 北京电视台大型成长教育纪录片《起跑线》节目组邀请我对一组孩子做心理评估，其中一个孩子给我留下了深刻的印象。
>
> 她的父母都是某著名音乐学院的教授，他们从小学钢琴，现在教钢琴，这种天时地利的条件，孩子自然也毫无悬念并且毫无选择地开始学习钢琴。她从三岁起就坐在巨大的钢琴前面，一练就是一个小时。每次练琴，妈妈都不再像平时那么温柔，孩子都是一边哭一边弹。
>
> 妈妈回忆说："有一次，孩子上台演出，弹到一半撂台上了，我觉得老脸都丢光了。"我问："您对她的期望是什么？"妈妈理直气壮地说："当然是出人头地了！我们什么都可以给她，只要她好好练琴。"对于这个八岁的孩子来说，她的人生是什么样，早早就被注定了。

如果父母急功近利地要求孩子必须坚持一件事情，不惜动用武力或道德绑架（如总说"我这一辈子都是为了让你出人头地""为了你，我付出了一切，牺牲了我自己，你还不知道努力"之类的话），就会让孩子更难以坚持，甚至会让其人格变得扭曲。

尊重孩子的兴趣，科学地引导孩子坚持

孩子很容易产生兴趣，坚持下来却很难。那么，如何才能引导孩子坚持下去呢？

> **案例**
>
> 有一次，妈妈和孩子看到一位小朋友在写对联，于是孩子突发奇想要练书法。妈妈准备了一套最简单、基础的笔墨纸砚。没练几天，孩子就开始嫌练字枯燥、手腕酸疼，不肯练了。于是，妈妈拿着笔和孩子一起练字，还故意向孩子请教如何握笔、如何下笔，让孩子当起了小老师。这样一来，孩子觉得新鲜、有成就感，还因怕被妈妈超越而更加努力地练字。

在这个案例中，需要强调一点，3~7岁的孩子大多都好为人师。因此，对于处在这个年龄段的孩子来说，以上案例中妈妈的做法很值得借鉴。此外，科学引导的方法还包括以下几点。

- 让孩子在坚持的过程中获得成就感（如当小老师）。
- 当孩子想放弃时，耐心地陪着孩子一起度过，要是能和他一起做就更棒了。
- 循序渐进地安排学习，不要企图一蹴而就，奢望"一口吃成个胖子"。

- 当孩子想放弃时，教孩子做深呼吸，放松心情。
- 教孩子化繁为简，设立阶段性的小目标，并把大任务分解成小步骤，逐个达成。阶段性目标的强度设定原则是"跳一跳，够得到"，以免让孩子觉得不管怎么拼搏都很难达成目标。
- 及时让孩子重温曾经的成功感觉，鼓励孩子说他曾经做到了，并相信他以后也一定可以做到。

让孩子为自己的行为负责

"负责"不仅是纠正孩子错误行为的好方法，也是一种培养孩子坚持力的重要方式。

> **案例**
>
> 男孩，七岁。起初，他学街舞，报名费都交了，练了不到五次就说太累、不想跳了。妈妈想着要尊重孩子的兴趣，不能强迫，于是就没说什么。没两天，他说要学架子鼓，妈妈又给他报了架子鼓的兴趣班，学费不便宜。孩子学了两个月，和学之前的水平差不多。一问老师才知道，孩子上课完全不学，只是坐在凳子上玩，一下课就拍拍屁股走了。妈妈就想，要不算了吧，别在这儿浪费时间了，回家吧。没过几天，他又说要学小号，还跟妈妈保证，说一定能坚持下来。这一次，妈妈真的不敢相信了。

我们说"尊重孩子的兴趣，让他有更多的体验"，是希望孩子在体验中找到自己喜欢的事情，但找到喜欢的事情并不意味着一定能坚持下来，因为这还需要刻意练习。孩子需要从每次体验中有所收获——收获自信、耐心、毅力、自我控制、技巧、欢乐，这才是让孩子体验的目标。

像上述案例中的妈妈所说，孩子每次都是半途而废，甚至连入门都没有，这时就要反思问题出在哪里了。我建议妈妈可以这样对孩子说："好的，宝贝，你可以选择学习小号，但鉴于你前两次的表现，我要先说明两点。第一，如果这次你没有坚持下来，那么我们以一年为限，我将在未来的3~5年内，不再考虑给你报任何兴趣班，无论你喜欢什么。第二，这次小号学习的费用你来支付，用你的压岁钱和零用钱，如果不够，我可以暂借给你，等你挣到钱后需要还给我。挣钱的方式我们可以一起商量。"

只有让孩子为自己的行为负责，他们才能意识到不能随意放弃先前的决定。这需要父母做到以下几点：

- 帮孩子做出正确的决定，这要求父母能够分析出孩子决定中的对错和利弊；
- 就如何坚持决定，提出不少于三种方法（如保证每天练习多长时间、什么时候开始练习、练习遇到困难时可以向谁求助以及如何求助、期望达到什么目标等）；
- 如果选择放弃，那么需要承担怎样的后果；
- 这些结果通过什么方式完成（如上述案例中提到的如何赚钱还给妈妈）。

这样做就能有效避免孩子只做选择、不能坚持，并认识到坚持就是胜利！

再来说说责任感的问题。可以不夸张地说，现在的孩子很缺乏责任感。原因如下：

- 他们很难形成自己的自由意志，没有目标感，父母的目标往往就是孩子的目标；
- 不做家务，不承担做错事的后果，体会不到父母的辛苦，也感受不到自己的义务；
- 父母承担了孩子本应承担的责任，在很多父母看来，学习好就是一切，其他都不重要。

这样一来，会造成什么结果呢？这会使得孩子没有上进心、没有意志力、缺乏学习动机、遇到困难就躲、常常半途而废、不懂感恩、手无缚鸡之力、生活的自理能力差。

显然，想让孩子只顾学习、其他都不管的做法并不明智。正所谓"父母之爱子，则为之计深远"。

责任感的培养似乎与气质类型无关，更多的是后天教育的结果。我认为，**从小培养孩子的责任感，才是真正爱孩子最重要的表现之一**。要想做到这一点，其实并不难，一是要让孩子掌握生活技能，二是要让孩子拥有目标感。

培养孩子掌握生活技能

关于培养孩子的生活技能，可以参考美国家庭教育网的建议。

2~3 岁：

- 帮忙把玩具收起来；
- 在父母的帮助下自己穿衣服；

- 把脱下来的衣服放进脏衣篓里；

- 饭后把自己的盘子刷干净；

- 帮忙摆桌子；

- 在大人的帮助下刷牙、洗脸。

4~5 岁：

- 知道自己的全名、家庭住址和父母的电话号码；

- 知道如何拨打紧急电话；

- 完成简单的清洁工作（如饭后收拾桌子、擦桌子）；

- 给宠物喂食；

- 认识货币面额，基本了解如何使用金钱；

- 独自刷牙、梳头、洗脸，做一些基本的洗衣杂务（如把脏衣服放进洗衣机）；

- 挑选自己要穿的衣服。

6~7 岁：

- 用钝刀混合、搅拌和切割食材；

- 做便餐（如三明治）；

- 帮忙把食品收起来；

- 洗盘子；

- 安全使用基本家用清洁剂；

- 如厕后进行清理；

- 独自整理床铺；
- 独自洗澡。

8~9 岁：

- 叠衣服；
- 学习简单的缝补；
- 照顾自己的户外玩具（如自行车、旱冰鞋）；
- 无须别人提醒就能注意个人卫生；
- 正确使用扫帚和簸箕；
- 阅读菜谱，准备一顿简餐；
- 帮忙罗列杂货清单；
- 数钱和找零；
- 书面记录电话留言；
- 帮忙做些简单的园艺活（如浇花、除草）；
- 处理垃圾。

10~13 岁：

- 一个人在家；
- 独自去商店购物；
- 换床单；
- 使用洗衣机；
- 安排和准备几道菜；

- 用烤箱烤制、烘焙食物；
- 熨烫衣服；
- 学会使用基本的手工工具；
- 照顾年幼的弟弟妹妹。

14~18 岁：

- 完成更复杂的清洁和维护工作（如清理吸尘器）；
- 给汽车加油、换轮胎；
- 阅读、理解药品标签和剂量；
- 参加求职面试，找一份工作；
- 备餐，做饭。

培养孩子拥有目标感

目标感指孩子有实现自己设定目标的勇气，不畏惧目标实现过程中遇到的失败和恐惧。拥有目标感的孩子，外在表现更自信，有更多的责任感和创造力，敢于面对困难甚至是更大的挑战。3~6 岁为目标感的萌芽期，6~12 岁为关键养成期。对此，我有两点建议。

第一，让孩子自主成长。不要为孩子铺好所有的路，更不要为这路铺好地毯和鲜花，要让孩子活在真实的世界中，感受挫折、痛苦和战胜困难后所收获的快乐和自信。

第二，给孩子选择权，让孩子自己做决定并为决定负责。比如，孩子要去爬树，父母就要给予合适的保护而不是限制，爬上去了就要给予赞美；爬不上去就要想办法，即要让孩子知道这件事该怎么做，而不是这件事不能做或是他做不到。

11

如何培养孩子谦虚、宽容

富兰克林曾说:"宽容中包含着人生的大道理,没有宽容的生活,如在刀锋上行走。孩子,如果美德可以选择,请先把宽容挑选出来吧!"

培养孩子谦虚、宽容的性格品质是非常重要的,很多孩子小小年纪就傲慢无礼、斤斤计较。你碰我一下,我就得还回去;你说我一次,我就得说你十回。睚眦必报、心胸狭隘的人,很难获得幸福。3~7岁是孩子社会化前期,他们开始接触除了家人以外的重要群体(如老师、同学、朋友、其他长辈)。在家里,父母对孩子的无礼态度或错误往往可以迁就、不计较;步入群体后,孩子就要努力展现出优秀的性格品质才能受欢迎。有研究表明,谦虚、宽容是人际交往中最受欢迎的品质之一。因此,培养孩子谦虚、宽容是非常有必要的。

从气质的角度来看,谦虚和宽容都与反应强度有关。对外界刺激反应过于强烈的孩子,情绪战胜了理智,往往会表现得咄咄逼人、不依不饶;反应强度太低的孩子,很可能毫无原则地退让和被忽略,这同样不利于建立人际关系,孩子会抱怨没有朋友,大家都不跟自己玩,很自卑、孤独。因此,在顺性教育理念的指导下,父母需要帮助孩子调节对外界刺激的反应强度,减少过激反应,让孩子们更客观地认识自己、管理自己,学会利用外界环境中的有利因素激励自己,用更友好、包容的态度接纳群体中的小伙伴,这样一来,孩子通常都能拥有谦虚、宽容的性格品质,以及更高的情商。

如何培养孩子谦虚

客观地评价孩子

对于高反应强度的孩子,不要在孩子面前当众炫耀,包括炫耀孩子。否则,他们就会沾沾自喜,觉得自己高人一等。3~7岁的孩子还不能客观地认识和评价自己,处于"全能自我"阶段,父母对孩子的评价就是他们对自己的认知。因此,父母客观的评价和实事求是的赞美能让孩子更懂得谦虚。

对于低反应强度的孩子,父母需要鼓励孩子保持适度谦虚,不要总觉得自己哪里都不好。**最好的办法是让孩子听听别人对自己的评价。**我女儿的一个朋友总觉得自己长得丑,她妈妈鼓励她去问问大家的看法,很多小朋友都说"你长得不丑啊",孩子听后果然释然了很多。

正确地批评孩子

高反应强度的孩子常常听不得批评,一说做得不好或做错了,或是别人做得好就发脾气或哭;低反应强度的孩子,被批评后可能会感到自卑、积极性受到挫伤。

有的父母在批评孩子时什么话都说,唯独没有说清楚孩子到底错在哪里,这使得孩子会觉得父母批评的核心是"你就是个错误"。

要记住，批评的目的不是让孩子不敢犯错，而是让孩子知道人无完人、要知错就改。

孩子没有父母想象的那么脆弱，如果批评的方式得当，就是好的教育手段。正确的批评方式可参考以下几例句式。

- 批评孩子具体的行为："你刚才打人是不对的，妈妈要批评你。"
- 批评孩子骄傲的态度："你刚才对那个小朋友翻白眼，这种不屑一顾的样子显得很不尊重别人。"
- 批评孩子出言不逊："你刚才说'他真笨，什么都不懂'，会伤害别人。"
- 批评孩子目中无人的想法："要知道，觉得别人都是傻瓜的人，也会被别人当作傻瓜的。"

此外，批评孩子时还要谨记"该出手时就出手"，如果父母不能及时指出孩子的错误，孩子长大后就很难成为一个遵纪守法的人。

让孩子理解"三人行，必有我师"的道理

对于高反应强度的孩子，讲道理常常不见效，不妨试试我的方法。

> **案例**
>
> 我儿子有个好朋友叫小宝，他俩天天一起玩。我问儿子："你为什么这么喜欢跟小宝玩呢？"他说："因为他给我玩他

> 的枪,而且他很听我的话。"有一天,儿子因为谁当小队长的事情很生气。他说:"妈妈,小宝不听我的话,他非要当小队长!"我说:"你打算怎么办?"儿子说:"我不当他的好朋友了,我不跟他玩了,我要回家!"我说:"好。"回到家里,我说:"其实,我挺期待看到小宝当小队长的样子的,看看他会带着你们玩什么好玩的游戏。相信你的好朋友一定会有不少好点子!"儿子想了想说:"那好吧,就让他当一次小队长吧!"

其实,这样的例子在生活中比比皆是。对于3~7岁的孩子来说,感受比道理更有效,与其空洞地批评孩子,不如让孩子置身其中去感受。如果我说"这就不对了,怎么就允许你当小队长,不允许别人当呢,你怎么这么自私",那就跑偏了,因为这不但无法让孩子学会谦虚,还会让孩子觉得自己不好。

对于低反应强度的孩子,要多鼓励他和小朋友互动,父母也要多帮助孩子创造与其他小朋友共处的环境和机会,对孩子的参与和逐渐适应及时给予肯定和鼓励。回到家后,要和孩子聊聊他和其他小朋友在一起玩的快乐,并不断重复、强化这样的愉悦体验。

如何培养孩子宽容

多侧面解读对方的信息

高反应强度的孩子容易激动、冲动,常将他人的言语和行为解读为敌意、挑衅。这就会让他们更容易激动、愤怒。

> ✏️ **案例**
>
> 朋友五岁的儿子小可被同学咬了,且被咬到的部位是太阳穴(这可是一个高难度的动作)。父母首先要问清楚发生了什么(这一步一定要注意,可以听老师对这件事情的叙述,但是不能把老师的叙述当作全部的事实,因为老师很可能不是一直在现场。此外,成人解读现象的角度也会与孩子存在着很大的差异,因此一定要和孩子连问带演地模拟一下当时的情景)。
>
> 朋友了解后才知道,小可在画画时,发现少了一种颜料,于是起身去拿。就在这时,小明坐到了小可的座位上。小可说:"这是我的座位。"小明说:"现在是我的座位。"小可说:"你起来,我还要画画呢!"小明说:"我就不起来!"说完,就推了小可一把,小可也推小明。小明急了,上嘴就咬,他俩就打起来了。

如果你是我的这位朋友,你会怎么办呢?

我的建议是,先共情,接受孩子的情绪。等孩子情绪稳定了,带孩子回顾这件事情是怎么发生的,是否还有其他应对的方法,而不是执着于被咬这件事上。以下是参考句式。

- 如果当时他推了你,你没有推他,那么会发生什么?
- 你可不可以去其他座位继续画画呢?
- 如果你不知道该怎么办,那么你是不是可以求助老师或其他小朋友?
- 你可不可以告诉他,那边还有一个座位,他可以去那边,你的东西都在这里呢？

- 你可不可以告诉他，他的这种做法是不对、不礼貌的，他需要获得别人的允许才能这样做？

对于每个问题，父母都要跟孩子讨论可行性，看看孩子有什么是可能做不到的，有什么是可能想不到的。

最后，还要跟孩子讨论以后该如何面对这样的孩子。朋友告诉我，小明已经不是第一次咬班上的小朋友了，他的父母觉得就是孩子小不懂事（这就很容易理解孩子的行为了）。不过，并不能因此就把小明当作坏孩子并远离他，小明只不过是需要学会管理自己的情绪和行为。此外，同一个班的小朋友总是要每天见面的，与其让孩子逃避和抱怨，不如教孩子面对和包容。因此，可以这么问孩子："我了解到小明并不是只咬过你，他还和其他小朋友发生过冲突。那么，接下来你打算怎么和小明相处呢？"孩子很可能会说"我再也不理他了"，父母则可以这样回应孩子：

- 嗯，你可以不理他，但是如果他找你玩，你会跟他玩吗？
- 我觉得小明需要你的帮助，让他知道应该管好自己的小嘴巴，你觉得呢？
- 如果你帮助了他，那么你会不会发现他有更多的优点呢？
- 如果他拒绝了你的帮助，那么你会怎么做？

通常，孩子都是宽容的，而不是斤斤计较的。在面对冲突时，更多的孩子会选择寻求帮助而不是逃避。我们的孩子在这样的氛围和环境中，就会变得更宽容友善。

做好示范作用

苏联教育学家马卡连柯说，父母要想让孩子学会宽容，自己就得先有宽容的心态。如果父母心胸狭窄、无视他人的意见、习惯于将自己的意志强加于人、不给人改错的机会、为一点小事争执不休、为蝇头小利而斤斤计较，那么孩子又怎么能学会宽容呢？因此，父母在沟通时，无论是跟孩子还是家人，都不要用"你总是……""你从来都是……""你就是……"这样的句式说话。父母的言语、态度和行为都在潜移默化地影响和塑造着孩子的性格。宽容并不是父母不停地说"孩子，你要宽容"，孩子就能学会的，而是孩子通过观察父母在面对事情、处理冲突、解决问题时的宽容态度和行为才学会的。

教孩子理解行为背后的原因

中国青少年研究中心携手北京师范大学教育系，曾对中小学生做了一次抽样问卷调查，其中有个这样的问题："对于过去欺负过你或严重伤害过你的人，你会如何面对？"29.9%的学生表示会原谅他，有近24%的学生表示很难原谅或绝不原谅，其余的学生则表示会原谅但不会忘记。

> **案例**
>
> 我儿子以前总会把我女儿（也就是他姐姐）气哭，不是把姐姐刚搭好的积木毁了，就是把姐姐刚画好的画涂了，抑或把姐姐新买的彩笔弄没水了。我会跟姐姐解释这些行为背后的原因，我说："弟弟这么做，可能是想吸引你的注意力，可能是想让你带他一起玩，也可能是表达他的好奇或嫉妒心。

> 所以，我觉得他这么做不见得是故意针对你，如果你哭、训他、不理他，那么他还会用错误的方式继续这样做。"姐姐在理解了弟弟这么做的原因后，就包容了弟弟的破坏行为，并学会了真正帮助弟弟的方式。

我们常说"人非圣贤，孰能无过"。在教孩子理解行为背后的原因的过程中，他们也能学会宽容。

12

如何培养孩子诚信、友爱

诚信、友爱与气质中的敏感性有很大关系：对他人言语、情绪和行为过于敏感的孩子会担心自己做得不够好而不被喜欢，有时候会通过撒谎来掩盖自己的错误或动机；不太敏感的孩子则会少了与人交往的意愿，被看作不够友好或有些不合群。因此，如何保持孩子适度的敏感性取决于父母后天的教育方法。

父母如果能够切实实践顺性教育的理论，根据自家孩子的气质特征来选择适合孩子的教育方法，就可以帮助孩子形成良好的性格特征。如果孩子可以诚实地面对自己的感受和他人的评价，不必为了掩饰错误或迫切需要被喜欢、被接纳而撒谎时，他的人格就会更完善。

> **案例**
>
> 我儿子在三岁左右时，曾从别的小朋友家偷偷拿了个玩具回家。等我发现时，他说："是玩具自己长脚跑过来的！"
>
> 我说："原来是这样啊，看来你很喜欢这个玩具。可是，

当它跑过来的时候，估计没有跟它的小主人说。现在，我们一起把它还回去吧，还需要和你的好朋友解释一下，他的玩具怎么长脚跑到你这里来了！"

儿子看起来有点害怕，他有点慌张地说："是我真的很喜欢这个玩具，可又害怕他不给我玩，所以才悄悄拿回来的。"

我说："哦，原来如此！那我们可以一起去问问你的好朋友，也许他和你想的不太一样。关于这件事，妈妈需要和你说明两点。第一，属于别人的东西，需要征得他的同意你才能拿走，就像你的玩具也不会随意答应给别人一样。因此，你需要道歉，并表示你希望他能原谅你。第二，如果你很喜欢这个玩具，那么你可以和他商量一下，能不能借你玩两天再还给他或者和他交换玩具玩，你觉得这个方法怎么样？"

儿子很高兴，说："好，那我也带上我的玩具去跟他交换！"

如果孩子出现这样的行为，相信很多父母都会担心地这样说："现在就会'偷东西'，以后还了得？"其实，大可不必这么上纲上线。我们不妨先来了解一下孩子为什么要撒谎。

孩子为什么要撒谎

孩子撒谎通常会出于以下原因。

- **害怕受罚**。有些父母会因为孩子撒谎而痛打孩子一顿，认为孩子觉得疼了就能记住了，其实不然，这只会让孩子因为害怕受罚而继续撒谎。

- **害怕别人不喜欢、不接纳自己**。比如，在看到别的小朋友说自己有什么好东西时，孩子就会说"我也有"。

- **还不太能分得清想象和现实。**比如，跟妈妈说"我是超人，我今天要去打坏人"。严格地说，这不是撒谎。

- **不知道撒谎会带来什么样的后果，只是觉得好玩。**比如，我儿子有时从幼儿园回来跟我说，班上最调皮的同学把他打了，老师也不管。显然，这可能不是全部事实。

对于高敏感的孩子，在他第一次撒谎后，一定要特别认真地和他好好沟通。绝大多数撒谎成性的孩子都是因为在第一次撒谎后没有得到有效的引导和处理而导致的。如果孩子已上小学了，父母就更要好好和孩子沟通，以不伤害孩子的自尊为前提。

如何正确处理高敏感孩子的撒谎行为？我在下面列出了我的经历，供大家参考。

案例

我女儿是个非常敏感的孩子，她对家长情绪的变化、说话的语气、脸上的表情都很在意。她八岁时有一次独自在家，用平板电脑玩了很久的电子游戏，在我回来后她却说一直在学习、做作业。我是在无意翻看孩子的平板电脑时看到未退出的游戏程序（想必是听到我们回家的声音而着急关掉画面，没来得及退出程序）才发现的。

我：你今天一个人在家待了将近一个小时，很勇敢啊！你都干了些什么呢（不要直接揭穿孩子，引导孩子自己说出来，表明她并不是故意欺骗，同时也不要把孩子这样的行为上纲上线）？

女儿：写作业，看书（表情有些不自然，眼神有躲闪；对于没有说过谎的孩子，第一次说谎都是困难的，如果你了解你的孩子，就一定可以发现异样）。

我：作业都做完了吗？需要我的帮助吗（顺着孩子的话题谈，让孩子放松下来）？

女儿：嗯。

我：真是出乎我的意料啊！自己在家，还可以严格要求自己，一直学习。我还想着你学累了就玩一会儿 [这句话里有两层含义：（1）鼓励孩子好的地方，也就是说，不管怎样，都要夸奖孩子的可取之处。有时候孩子说的并不都是谎话，要看到孩子做得好的部分。（2）制造适当的话题，引导孩子说出实际情况]。

女儿：呃（有点支支吾吾。因为我一直鼓励孩子有什么话都可以跟我说，而且反复强调过，犯错不可怕，可以改正）。

我：是有什么想跟我说的吗？

女儿：妈妈，其实我确实玩了一会儿（孩子很紧张地看着我。这时，孩子会判断她说出实话会有怎样的结果，如果想到一旦实话实说就可能挨打挨骂，她就会因害怕而撒谎；如果她认为妈妈不会这样对她，她就会考虑说出部分乃至全部事实）。

我：哦，这当然是应该的。你玩了什么？觉得好玩吗（我们放松聊，表达信任的态度）？

女儿：嗯，我其实用平板电脑玩了几分钟，呃，也可能是十几分钟，但真的没有太久，因为你说过要保护好眼睛（孩子开始讲实话，可能不是全部实话；没关系，只要讲就是好的开始）。

我：哦，也是不错的放松啊！你记得控制时间，我觉得很了不起（不否定孩子的选择，任何选择都是她的需要，肯定其行为中好的地方）！

女儿：可以吗？我以为你会生气（女儿担心的是，她玩游戏这件事会惹妈妈生气）。

我：怎么会？有节制地玩电子游戏绝不是坏事。如果你因为担心我生气而撒谎，我才会觉得心里不舒服（让孩子清楚，撒谎这件事比她实际做了什么或做错了什么更糟糕）。

女儿：嗯，因为你说过什么都可以跟你说，做错事并不可怕，所以，我还是决定告诉你（这是孩子愿意说实话的心理基础）。

我：太好了，感谢你对我的信任。我也相信你知道撒谎是不对的行为（父母对孩子撒谎这件事不要一直提、一直强化，点到为止就好。我们的目的是让孩子意识到撒谎不对，而不是让他因此产生太多愧疚而不敢说实话）。

女儿：哇！说出来真好，一下感觉轻松多了。我刚才就一直纠结要不要跟你说（孩子终于露出了笑容。在没有心理压力的情况下，孩子会更快地接受父母的建议）。

我：你看，诚实是一种让人愉快的感觉，而撒谎会让我们一直纠结（总结，再一次确认孩子对诚实和撒谎的认知）。

对于低敏感的孩子，真诚信任的亲子沟通同样是处理孩子撒谎的好办法，不同之处在于，父母可以直接和孩子沟通。比如，可以说"宝贝，我看见你玩了平板电脑上的游戏，是吗"，而不要说"你撒谎，我明明看见你玩游戏了，你还说一直在学习"。然后，继续用上面的对话帮助孩子认识诚实和撒谎的意义。

调节孩子的敏感度

友好是人际关系中受人欢迎的品质之一。调节孩子的敏感度，可以帮他们形成友好的性格品质。总的原则是：避免高敏感的孩子为了表示友好而委屈自己，或是做出讨好行为；教会低敏感的孩子与人友好相处的方法。

对高敏感的孩子，要让他们知道以下内容。

第一，不要为了让别人高兴而委屈自己，友好的行为应该是建立在彼此都很愉悦的基础上。让孩子知道，自己的需要同样很重要，值得被尊重。因此，父母在处理孩子是否友好地与小朋友相处的时候，一定要先尊重自己孩子的需要和愿望，而不是一味迁就他人的需要。举个简单例子，有孩子排队荡秋千，有些父母一看有小朋友排队，就立刻对自己的孩子说："你下来吧，让其他小朋友荡一会儿。"甚至还说，这才是友好的行为。这时，孩子往往不会下来，父母就会去批评孩子，说孩子不懂得谦让、不懂得照顾小朋友。这种做法非常错误。正确的做法是，问问孩子是否想下来。如果不想，可以建议孩子们轮流荡秋千，如每人玩五分钟。

第二，每个人都需要为自己的情绪负责，不要认为别人的不高兴是你造成的，因而感到自责和愧疚。我女儿如果遇到交往的问题，我就会这样说："宝贝，你要知道，有些小朋友就是爱生气，有些小朋友就是喜欢用威胁的语言说'你要不听我的，我就再也不跟你玩了'，甚至还有些小朋友会叫上其他人都不跟你玩。你要知道，他们的做法并不是因为你做错了什么，而是因为他们觉得这样做就会获得友谊。其实，没有人喜欢听到这样的话。因为我知道你一直都是很友好的孩子，你也有很多朋友。所以，不要为别人的情绪而让自己背上压力。"

对于低敏感的孩子，教会他们与人相处的方法更实际、有效。跟孩子聊聊，你观察到的其他小朋友的哪些行为是友好的，哪些是不友好的。比如，带孩子出去玩时，可以先坐一会儿，看看其他小朋友在玩什么。期间，你可以跟孩子说："你看，那个扎辫子的小女孩很有礼貌，她说'我能跟你们一起玩吗'，大家立刻就说'好啊'。你也可以试试。"也可以这样说："你看刚才那个小孩一直在撞人，这不是友好的行为，大家都不想跟他玩了。"让孩子在认知上意识到自己怎么做会受欢迎。然后，父母先带着孩子去跟小朋友打招呼，并鼓励孩子加入其他小朋友的游戏。如果孩子不想玩，父母就可以介入，陪孩子和大家一起玩游戏，孩子感觉有熟悉的人，慢慢就会活跃起来。

最后强调一点：要想让孩子诚实，父母首先要做诚实的人，对孩子而言就是说话算话。

曾参，春秋末期鲁国有名的思想家、儒学家，是孔子门生中七十二贤之一。有一次，他的妻子要到集市上办事，年幼的孩子吵着要去。曾参的妻子不愿带孩子去，便对他说："你在家好好玩，等妈妈回来，将家里的猪杀了炖肉给你吃。"孩子听了非常高兴，不再吵着要去集市了。这话本是曾参的妻子哄孩子说着玩的，过后，她便忘了。不料，曾参却真的把家里的一头猪杀了。妻子看到曾参把猪杀了，就说："我是为了让孩子安心地在家里等着，才说等赶集回来把猪杀了炖肉给他吃的，你怎么当真呢？"曾参说："孩子是不能欺骗的。孩子年纪小，不懂世事，只能学习别人的样子，尤其是以父母作为生活的榜样。你欺骗了孩子，玷污了他的心灵，孩子就会欺骗你、欺骗别人；你在孩子面前言而无信，孩子就会不再信任你，你看这危害有多大啊！"

古人尚且如此，我们如果常常出尔反尔，说话不算数，怎么可能塑造孩子诚实守信的良好品质呢？

13

如何培养孩子乐观、豁达

乐观是一种积极心境。心境指的是一种稳定、微弱却影响深远的情绪状态。对于乐观，虽然我们平时不易觉察，但它却是整个人的情绪底色。孩子一出生，我们就可以发现有些孩子很容易被逗乐、爱笑；有些孩子爱哭爱闹，稍不如意就大哭不止。这就是气质类型中积极心境和消极心境的区别。如果父母不能对消极心境的孩子善加引导，他们就会变得低情商、没有目标感、害怕挫折、心理脆弱。

是否乐观也是一个人的性格底色，乐观的人无论是在生活中还是在学习中都有着积极向上的热情，他们不断激励自己做得更好。要想培养孩子的乐观性格，核心是促进孩子消极心境向积极心境的转变。首先，我来给大家区分两个概念：真乐观和假乐观。

真乐观，我把它称为"悲观的乐观主义"，是说对凡事都有合理的预期，确立的是可行的目标，而不是好高骛远、不切实际的盲目高兴。乐观的悲观主义则正好相反，即看上去很阳光、很快乐，但内心很自卑，会用各种方式搪塞或掩盖自己的焦虑、失望、无力和自卑感，一旦遇到困难就会表现得悲观消极。我们要引导孩子做一个真乐观的人（即"悲观的乐观主义者"），让孩子知道人生就是要面对很多的困难和挑战，不如意事常八九，只要乐观地生活，就会拨云见日，学有所成。

接下来，我们聊聊如何让有消极心境的孩子养成乐观的性格品质。我的建议有以下两方面：高质量的陪伴和教孩子管理自己的情绪。

高质量的陪伴

有些妈妈问我："我天天都围着孩子转，为什么孩子在家时还总是动不动就发脾气，出门却胆小害羞呢？"时间并不是高质量陪伴的唯一要求，"高质量的陪伴"还应该满足以下三个要求。

第一，全心投入的陪伴。如果每当孩子想要与你积极互动时，你却在一心一意做自己的事情，那就不是有效的陪伴，只是人在心不在的陪同而已。对此，我建议：把手机放在暂时看不见的地方；及时回应孩子的情绪和行为。以一起玩过家家的游戏为例，你需要投入孩子设计的剧情中。

第二，是孩子发起邀请，而不是我想陪就陪。孩子有高兴的事情想要分享，你在；孩子难过时希望得到拥抱，你在；孩子害怕时渴望得到安慰，你在；孩子发现了"新大陆"感到无比兴奋，你在。这样的陪伴，孩子是主角。对此，我建议：孩子自己玩得挺好的时候就不用非得陪着，但在孩子召唤你的时候，即使人不到，声也要先到；玩游戏时，将主动权交给孩子，父母只需跟随就好。

第三，陪伴的目的是赋能。因为你的陪伴，孩子获得了安全感、归属感和价值感；因为你的陪伴，孩子快乐、健康、乐观。所以需要父母做到：提前调节好自己的心情，保持愉悦的状态陪伴孩子；让孩子玩得开心、尽兴很重要，玩什么不重要，怎么玩也不重要，是否符合"规矩"更不重要，让孩子在父母的陪伴中感到毫无保留的快乐才最重要。也就是说，在父母的陪伴中产生的感觉和记忆才最重要。不要到最后，孩子痛苦，父母生气。

有研究表明，父亲陪伴多的孩子性格更乐观、豁达、自信、积极。推荐父亲做一件事情：每天至少抽出30~60分钟的时间，带着孩子在户外做各种运动，哪怕是兔子跳、青蛙蹦也可以，让孩子出一身汗再回家。这样，孩子吃得好，睡得好，身体好，精神好！哪都好，性格焉能不好？

教孩子管理自己的情绪

孩子发脾气的时候，父母通常会说"别哭了""不要生气""这有什么好伤心的""别害怕，没事"之类的话。这样的处理方式不是在帮助孩子疏解情绪，也不是在鼓励，而是对孩子情绪表达的压抑和忽视。这样做并不能让孩子学会管理自己的情绪，反而会让孩子形成自卑、无助、消极、悲观的性格。

另外，先天的消极心境并不可怕。与积极心境的孩子相比，先天消极心境的孩子只是需要更长的时间、更有效的引导、更多次的重复练习而已。关键在于：（1）父母要接纳孩子的消极心境，这与母亲怀孕时的心理状态有极大的关系，不能完全怪孩子；（2）教会孩子管理情绪的具体方法，孩子的心境就会朝着积极的方向发展。先天消极心境的孩子长大后也不一定注定悲观。

对于如何教会孩子管理自己的情绪，我稍后将为大家介绍情绪管理的四个步骤，它们的核心是共情。

什么是共情？简单地讲，共情就是感同身受、钻到孩子的心窝里、说到孩子的心坎上。共情是有通用公式的，希望你能常常使用。

表达对孩子情感的理解：

- 你现在的感受是……，因为……

- 你感觉……，因为……

- 你感到……，因为……

表达对孩子意图的理解：

- 你想说的是……

- 你现在最希望的是……

- 你的意思是……

表达对孩子情感和意图的尊重：

- 我理解你的感受，我知道这对你很重要；

- 我能理解这种心情，我知道这种事处理起来很难。

以具体的行为表达对孩子的关心：

- 需要我为你做些什么吗？

- 你看我能为你做些什么？

情绪管理的四个步骤

情绪管理的四个步骤，分别是倾听、重述、合理化和条件满足。接下来，我们用一个例子来介绍如何使用情绪管理的四个步骤。

晚上十点了，孩子还不睡觉，一直在搭积木，叫了很多遍也不动。这时，你需要先走到孩子跟前，看着他，最好有身体接触（如拉着手，扶着他的肩膀，抱他坐在你腿上），然后共情："你觉得还不困，还想再玩一会儿，所以你不想睡觉，是吗？"孩子会说："嗯，我不困，我想把这座城堡搭完再睡觉。"

倾听

听完孩子的话，你可以这样回应："嗯，你搭的积木塔很有创意，也非常漂亮，看上去真像座宏伟壮观的城堡。"记住，倾听的核心是看见孩子内心的需要：被肯定、被喜欢、被赞美。

孩子被接纳后，会跟你描述这个城堡是怎样的，他的想法是什么。你需要保持1~2分钟的倾听。要知道，只有你听他讲，他才会听你讲。

重述

重述的意思是，把孩子的希望按照你的方式重新表达。你可以这样说："所以，你希望在睡前短短的10分钟之内要完成这么巨大的创作吗？"

不满五岁的孩子通常并不清楚10分钟有多长，他们很可能会认为10分钟很久，所以他们会说："嗯，是的。"五岁之后的孩子对时间更有概念，很可能已经知道10分钟很短，所以他们可能会说："不，我需要30分钟来完成它。"

合理化

你可以这样说："嗯，看上去要完成它需要花费很长的时间。需要我的帮助吗？"你提供的帮助是和孩子一起想出完成它的方法，让他尽早去睡觉，但孩子往往会以为你要帮他搭积木而说"好啊"。

条件满足

我有两种建议方式，你看哪种更好。

第一种，你可以说："我和你一起在10分钟之内完成城堡，然后就去洗漱睡觉。"即你允许孩子在有限的时间内结束战斗，不再拖延，但要有结束的仪式感，如最后你可以说"哇哦，终于完成了"。另外，很多家庭都会有睡前阅读的环节，但如果因为晚睡了，父母往往会取消睡前阅读。对此，我建议选择短小的绘本或口头故事的形式，而不是直接取消，其实孩子在睡前阅读中更容易入睡。

第二种，你可以说："现在我们去洗漱睡觉，这个城堡就保留在地垫上，可以不用收拾。明天妈妈不仅可以和你一起完成它，而且可以制作一个通向城堡的迷宫，看看爸爸能不能走出来。"注意，这个附加条件一定是孩子很感兴趣的、期盼的、喜欢的。

这是两个正向选择，如果孩子都不选，要继续搭，那么你可以继续进行条件满足的对话，比如这样说："好的，那我和爸爸先去休息了。你记得自己刷牙洗脸，收拾浴室。睡前阅读也不得不取消了，因为睡得晚，明天上学可能会迟到，精神不好，所以下午会早早瞌睡，那晚上原定的20分钟电视时间可能也要取消了哦。"这在心理学中被称为"趋避冲突"，孩子不想睡觉，但也不想自己洗漱、收拾房间、听不了故事、看不了电视，还可能第二天上课迟到。当"避"远比"趋"多的时候，孩子一定会做出正确的选择，何况前面两个选择也是非常好的。这看似在给孩子做选择题，其实是在教孩子管理情绪。消极心境的孩子一旦掌握了管理自己情绪的方法，就可以感受到更多快乐、成功、自信的积极情绪，从而形成乐观的性格品质。

再为你推荐一个很好的游戏：当孩子不高兴时，你可以扮演他的好朋友或拿起家里的小玩偶（手偶也很好），用孩子的语言跟他说："哦，看到你这么不开心，我真难过，我能做点什么呢？"孩子一旦表达出来，问题就解决一半了！

事实上，父母若能乐观地面对孩子的成长，孩子就必将成长为乐观积极的人！

第三部分

儿童常见的性格问题

14

孩子输不起,怎么办

> **案例**
>
> 女孩,四岁。妈妈跟孩子玩掷骰子,谁的点数大谁就赢。孩子如果赢了就很高兴,想要继续玩;相反,孩子如果输了,哪怕只是输一次也会不高兴,要是两次就要闹脾气了,输到第三次就开始耍赖了,非要说自己赢了。妈妈说:"你怎么这么赖皮呢?你要是这样,谁都不愿意跟你玩了!"孩子听后便把骰子一扔,开始大哭。妈妈心想:"这孩子怎么这么输不起呢?这以后还能干啥,干啥啥不成啊!"在妈妈看来,这都不算事;在孩子看来,这似乎是天大的事。妈妈有些怀疑,这是不是她平时对孩子表扬过度所致。因为她总说"宝宝好棒""宝宝好厉害",所以造成了孩子自信心膨胀,过度高估了自己。妈妈还在思考,平时多给孩子一些挫折教育会不会好些?

其实，在3~6岁的孩子身上，"输不起"这个现象是非常普遍的。严格地说，这不是性格问题，而是这个年龄段的孩子自我认知发展的一个特点。有些孩子遇事不那么执拗，很好哄，很快就没事了；而有些孩子则怎么哄都哄不好，这确实与气质有关。

如何引导孩子"输得起"

如果孩子一直只能赢不能输，要求别人必须按照自己希望的那样玩游戏，或者需要花更长的时间才能从"失败"中恢复过来，那么这必将对孩子的自信、情商、受欢迎程度、问题解决和抗挫折能力造成负面影响，孩子还有可能形成易怒、自以为是、放任、自私的性格。因此，父母要用科学的方法引导孩子"输得起"。如何做？我列出了以下两点。

尊重孩子"输不起"背后的气质类型

尊重孩子"输不起"背后的气质类型，这是基础。孩子"输不起"与气质类型中的分心程度和反应强度有关。

有些孩子一旦生气就很难安抚，哭起来青筋暴起、撕心裂肺，很难停下来，这属于气质类型中分心程度低的表现，即不易分心。而有些孩子只要有了新鲜刺激（如一个声音、一句话、一个玩具）就不再纠结、破涕为笑了，这属于气质类型中分心程度高的表现，即容易分心。从这个角度看，容易分心也不都是坏事！分心程度低的孩子更可能表现出"输不起"。

高反应强度的孩子更为敏感，看上去没多大的事也可能会让他们反应很强烈，一旦遭遇一些变化、困难、挫折，他们的情绪就会波动很大；同理，他们对事情的积极能量也很大，高兴起来哈哈大笑，伤心起来哇哇大哭。低反应强度的孩子，用人们常说的话就是

"淡定",从小就表现出不以物喜,不以己悲,总让家长觉得孩子不像个孩子,甚至可能会让孩子显得不那么合群!就"输不起"而言,它与高反应强度关系更紧密些。

总之,气质各有千秋,没有好坏之分。接下来,我们主要探讨以下两点。

第一,针对不易分心的孩子,父母如何调节其分心程度?我的建议如下。

- **不要对孩子的哭反应过慢**。也就是说,一定要对孩子的哭敏感,孩子一哭就靠近他,跟他有肢体的接触(温柔地抚摸他、拥抱他、亲吻他),先不要说话。在孩子感受到触觉安全后,会本能地降低情绪强度。

- **不要一听见孩子哭就生气地说"哭哭哭,就知道哭"**。孩子不会因为父母这样做就不哭;如果真的有一天不哭了,亲子关系也被破坏得很严重了。因此,父母要先调整好自己的情绪,再去面对孩子的情绪。

- **孩子情绪稍稍缓和后,可以分散他的注意力,但最好是在同一件事情上**。比如,本章开篇案例中的掷骰子游戏,可以暂停比大小的竞赛游戏,将其转换成做算术题的合作游戏,或是转换成找规律的观察游戏,围绕着骰子让孩子的注意力不断转移。再玩竞赛游戏时,可以提前打个预防针,跟孩子说"输赢不重要,玩完这个游戏,咱们就去吃点好吃的",让孩子不要将注意力只放在输赢上。

- **培养孩子爱上一项多人参与的运动**。运动不仅可以强身健体,而且可以调节情绪。通过动作的变化引导孩子的专注力不断变化,这也会迁移到孩子参与的其他事情上。

第二，针对高反应强度的孩子，父母如何帮其"降温"？我的建议如下。

- **提供支持**。如搭积木时，孩子总搭不好，父母在发现孩子有情绪后，不要说"没关系，再试试"或"别着急，没事的"，而要说"我感觉你已经有些烦躁了，需要我的帮助吗？我们一起来搭个房子吧"，或是"再试试搭个你喜欢的蚂蚁之家吧"等。

- **给孩子的自我控制提供一个重要理由**。比如，可以这样对孩子说："我相信你可以控制好自己的情绪。上次你跟妈妈赛跑输了以后没有哭闹，只是难过了一会儿，当时妈妈给了你一个大大的拥抱，还记得吗？"我经常会对我儿子这样说："因为你越来越能控制好自己的情绪，所以你学会了很多我都不会的本领，比如劈叉、爬树，这可是很多和你差不多大的孩子做不到的。我真为你感到骄傲！"他会因此更努力去做好情绪管理。

- **提醒孩子的目标**。当孩子反应过强的时候会忘了自己原本的目标。因此，当孩子每做一件事情的时候，都要鼓励他说出希望在最后得到的结果。比如，写字要写几个、要写到什么程度；扫地要扫几个房间、要扫得多干净。总之，目标要具体且可实现。孩子一旦实现了目标，就更有信心去克服困难。父母还要注意，在孩子达到某个阶段性目标后，要及时给予正反馈，鼓励他继续坚持。当孩子有情绪或反应过于激烈而不能安静下来的时候，可以用目标帮助他恢复到理性状态。比如，可以对孩子说："我感到你很生气，因为你很希望独自就能把鞋带系好。不过，如果你现在需要我的帮忙，我很乐意。"

引导孩子面对失败

美国学者哈特（Harter）在1987年发表在《社会科学开放期刊》（Open Journal of Social Science）的一篇文章中指出：一般而言，3~6岁的孩子的自我评价完全没有消极的方面，他们觉得自己"无所不能"。这是儿童自我认知发展的一个阶段性特征。他们之所以不愿意输，是因为他们不想打破对自己无所不能的认识，这也是孩子自我保护的一种方式。因此，父母要尊重孩子的认知局限，接纳他们"输不起"的表现。不要觉得孩子"输不起"就是糟糕透顶。父母的接纳，会换来孩子不再那么看重失败。

此外，有一种"输不起"的本质是嫉妒，这和父母常常通过夸赞别的孩子而贬低自己的孩子有关。虽然父母很多时候可能都是无心之举，但在孩子听来就是"你觉得别人好、我不好"。因此，孩子有时闹脾气可能是因为嫉妒。

还有一种"输不起"的本质是退缩。如果父母特别在乎孩子的输赢，孩子输了会责骂、批评甚至不再关爱孩子，赢了则欢天喜地，觉得孩子完美至极，那么这样的两极反应就会使孩子越来越害怕表现、比赛，最终选择退缩。若孩子总是被父母推着走，孩子就会出躯体问题（如头疼、尿频），但去医院检查并查不出病理性问题，可能就是这个原因。

如果父母通过让孩子逃避竞争的环境来避免孩子哭，说"不跟他们玩了，没什么大不了"，或给孩子的失败找理由，说"你今天状态不太好，要不然肯定能赢"，从而过度保护孩子的自尊心、想要尽力避免孩子遭受失败，这其实是不可取的。因为这只会让孩子越来越不敢面对失败，越来越不敢直面竞争。有人说："无休止地从失败的经历中保护孩子们，对他们是有害无益的。当失败再次发生时，孩子们就会觉得很羞耻，难以理解甚至难以接受。"因此，当孩子感受到失败带来的挫败感或愤怒时，父母最好给孩子心理支持，并告诉他"这件事并不是看上去那么容易，如果我们多加练习，也许就会有很大的长进，要知道没有人会永远输，也没有人会永远赢，输和赢都是有条件的"。父母要做的就是帮孩子养成有助于成功的习惯，这样就能把孩子的注意力从对输赢的关注转移到对具体操作的关注，更有利于淡化孩子的失败情绪，促进孩子在行为层面上的改变。

1998年，澳大利亚对将近400名5~7岁儿童进行了研究。结果表明，7岁左右的孩子对自己的评价更为客观，能意识到自己并不是"无所不能"。他们更能接受自己的不足，并能接受失败、面对失败。可见，随着儿童自我认知能力的不断提高，他们对输赢的态度也会发生变化。

在这里，给大家推荐一下儿童情绪绘本《输不起的莎莉》（*Sally Sore Loser*）。在这个故事中，莎莉玩任何游戏都想赢，就连站队都要站第一个，跟同学们一起玩足球的时候，她也一直霸占着足球不传球。同学们对莎莉的行为很反感，干脆都不跟她玩了，并给她起了个外号——"输不起的莎莉"，这让莎莉很伤心。老师跟莎莉说，虽然输掉游戏会让人生气、沮丧、伤心，但是我们更应该学会接受失败，用更加谦虚和积极的态度去面对失败。通过阅读这个故事，孩子也能在老师和同学们的评价中不断调整自己的认知。

最后，我来总结一下父母在应对孩子"输不起"时的一个易学、有效的技巧：当孩子因为"输"而大哭或发脾气时，你先拥抱和抚摸他，微笑地看着他，别着急说话，安静地陪他一会儿。等他的情绪平复下来，你说的话他才能听得进去。

15

孩子不自信，怎么办

> **案例**
>
> 一位非常成功的企业家爸爸曾问我："罗老师，我觉得我儿子特别没有自信。过年回老家，远亲近邻都来了，说是想看看从北京回来的孩子，肯定厉害。让他当着大家的面唱首歌，他支支吾吾、扭扭捏捏，躲在我身后，叫了半天就是不唱。其他小朋友说唱就唱，让跳就跳，大大方方，满脸自信。你再看他，还北京来的，真是把我的老脸都丢尽了，我又不能当着别人的面骂他、打他。罗老师，你可不知道我当时有多难受啊！有好几天我都觉得不自在。"
>
> 我问："孩子多大了？"
>
> 他说："14岁了。真的是越大越不中用，小时候还能把他拉到人前晒一晒，现在让他干个啥，躲得比谁都快。"

很多父母都曾因孩子不自信而咨询过我。不得不说，我们评价孩子是否自信的标准，通常是他们能否在众人面前自然而顺畅地展示才艺或怡然大方地介绍自己。若这是自信，那么我相信80%的孩子，尤其是青春期的孩子都会被判定为自卑。事实上，青春期的孩子也的确常常会深感自卑。

自信从何而来

如果孩子在家里尚且感受不到接纳、温暖和自信，更何况在家门之外，尤其是在当今价值观不统一的社会环境下，若没有正确的引导，原本的不够自信就会变成自卑，原本的自信就会变成自大，父母说不得、管不了。一旦出了事情，社会上就会有这样的舆论："现在的孩子太脆弱了！想当年，生活那么难，我们都想着好好活着；现在生活这么好，这些孩子却不知道珍惜。"

带给孩子勇气和自信的仅仅是优越的生活条件吗？值得人留恋的就只是金钱和财富吗？

我想根据儿童自我系统发展的规律来和大家聊聊自信的由来。

孩子在一岁半至两岁时开始萌生自我意识，认识到自己和母亲是两个独立的个体，通常也是在此时第一次有了"我"的概念。伴随着自由探索和自我体验，孩子开始了解"我"和"我"的关系、"我"和"他人"的关系、"我"和"物"的关系、"我"和"事"的关系，初步构建了"我"在天地万物中的位置。在探索中，孩子若被肯定、鼓励和引导，就会对自己产生积极的自我评价和自我感觉；若能取得一些成功，其自我评价中就会有一部分稳定而积极的认知存在（即自尊）；若总能找到自己擅长的事情，或在成人的帮助下通过不断练习达成目标，他就会在自尊的基础上建立自信。

自信是发自内心的自我肯定和相信自己可以完成某件事。20世纪70年代，斯坦福大学的班杜拉教授提出了"自我效能感"的概念，我认为这是"元自信"，即对自信的认知。班杜拉认为，自我效能是个人对自己在特定情境中是否有能力去完成某个行为的期望，它包括两部分——结果预期和效能预期。结果预期是指个体对自己的某种行为可能导致什么结果的推测；效能预期是指个体对自己实施某种行为的能力的主观判断。

在自我效能帮助下建立的自信，我称之为真自信。有真自信的孩子愿意接受挑战，解决问题能力强，积极乐观，情商更高。

相反，如果孩子一直处于自卑状态，对自己缺乏信任，他们就很容易受到伤害，常常会误解他人的语言、行为和情绪对自己的敌意和针对性；面对困难时会表现得无所适从，从痛苦中恢复所需要的时间会更长。

如何培养孩子的自信

以下是我总结的"罗氏自信"养成的四要素。

尊重孩子的气质类型

尊重孩子的气质类型是前提。我认为，在这九种气质类型中，趋避性、敏感性和心境这三个维度都与自信有较高的相关。如果孩子在面对外界环境时表现出害羞、退缩甚至拒绝，他就更容易受挫；如果孩子对环境或人际关系表现得特别不敏感，他被同伴或他人误解的概率就会更高，由此引发的负面评价会让他感到自卑；心境消极的孩子很少有愉悦的成功体验，也不容易感受到战胜困难的成就感和自信。

因此，面对这些气质类型的孩子，不妨让他们有更多的机会去接触和尝试新鲜事物，不强迫、多鼓励，无论孩子做成什么样都不批评、不否定。比如，在本章开篇案例中，孩子不唱、害羞，父母需要温言软语地鼓励孩子，而不是斥责他"你真丢人"。比如，父母可以解围说："看来这个舞台有点让你不知所措，没关系，一切看你。"等到和孩子独处时再去问问孩子原因，是不敢、不想、害羞，还是担心唱不好被笑话。问清楚了原因再去找方法。

当孩子到了新环境后，父母要做到不催促、不比较、不替孩子做决定。诸如"你看别人家的孩子……""宝贝，这个好玩，来玩这个""怎么还不敢跳下去，这没什么可怕的"的话请憋在肚子里，千万不要说出来。

对于六岁以上的孩子，父母要以第三人的角度与孩子说明其他人的想法。比如，如果孩子说觉得自己很笨、很丑，那么父母则可以说"是吗？我是这样认为的……"，然后举具体的例子说明自己认为他并不笨、不丑，而不是泛泛地说。例如，父母可以说"你看，上次你花了十分钟才做完一篇口算，现在五分钟就做完了，你觉得这是笨的表现吗"这样的话。

可见，父母要做的就是不焦虑，让孩子感觉被接纳。这样孩子才会有自主的选择，有自己经历生活的权力。只有在被接纳的感受中，孩子才能接受更多的改变。

保护孩子的自尊

建构孩子的高自尊，这是自信的基础。自尊，简单地说就是"我觉得我好"。

> **案例**
>
> 我女儿在幼儿园戴青蛙头饰表演节目，开始进行得都很顺利，只是在最后一跳时头饰掉了。大家哄堂大笑，她还比

较镇定地回去找青蛙头饰。下场后,她非常沮丧,认为自己表演得很糟糕,大家都在嘲笑她。我说:"宝贝,今天你的表演虽然出现了意外,但你的做法却大大出乎我的意料。大家的笑除了觉得你可爱,还有对你冷静处理意外情况的赞赏。要是我遇到这样的情况,估计会愣住或哭起来。我当时为你捏了一把冷汗,没想到你处理得这么完美。"起初她不相信,于是我接着说:"你可以去问问别人啊!"问过几个人后,她慢慢释怀,竟然还为此感到有些骄傲。过了大半年再说起这事,女儿还说感到特别温暖,因为在她最无助、快崩溃的时候得到了妈妈的认可。

父母一定要好好保护孩子的自尊,因为这对孩子来说太重要了。不要因为孩子做到了才表扬他、爱他,要让孩子知道,无论他是否做到,父母都会永远爱他这个人!

注意:千万别当着别人的面批评孩子、责怪孩子,有话关起门来慢慢说,这样才能保护孩子的自尊。

让孩子获得成功的体验

成功的体验,是自信的保障。成功的体验会带来喜悦的感受,从而让孩子更愿意去尝试、更努力地行动。仅仅口头上的鼓励是远远不够的,父母还需要创造机会让孩子成功一次,这样就容易找到突破口。

举个大家都很关心的例子,如何陪孩子写作业最有效。有一位爸爸特别令人钦佩,他会把孩子每次考试做错的问题都抄下来,让孩子继续做,哪怕去翻书查找公式、例题,也要让孩子全部做对。

无论孩子考得多么差，他都会让孩子在考试后获得满分才罢手。这样，孩子每次都有机会品尝到成功的喜悦。

还有个小窍门，父母可以在不被孩子发觉的情况下，把孩子以前做过的、现在肯定能出色完成的题目给他做，哪怕是上个学期做过的习题或是去年学过的知识也可以。这样孩子就有机会体会到"我会做"的快感。

父母不能总强化孩子做得不好，而是要试着表扬他努力做作业的样子；称赞他自己解决了学习中的问题；鼓励他提出了好问题；为他提供将书本知识运用于实践的机会；帮他合理安排时间并给他自己选择的机会；允许他做自己喜欢的事情。一旦真正地把学习这件事交给了孩子，他就会爱上学习。因此，不陪写作业最好；陪，就得陪得双方都高兴才行。

夸努力，不夸聪明

夸努力，不夸聪明，是自信的源泉。哈佛大学的研究者做了一项这样的实验：让两组孩子做题，题目比较简单，两组都完成得很好。一组夸聪明，一组夸努力。被夸聪明的一组为了维持自己聪明的形象和成功的表现，在下一轮不愿意选择更难的题；他们在遇到困难时也更容易放弃，因为他们觉得难题超越了自己的智商。被夸努力的孩子则没有这些思想负担，对他们来说，压力来自努力的过程，只有选择更难的题才会被认可，他们也会更坚持不懈地进行尝试。

因此，如果孩子在幼儿园参加了演出，那么父母不要对他说"你真棒，你的表演是最好的"，而要说"你的表演非常认真，我们都被吸引了"。

如果孩子快速回答了问题，那么父母不要对他说"你真聪明",而要说"哇,没想到你这么快就想好了答案"。

如果孩子能够独自洗澡,那么父母不要对他说"你真厉害",而要说"你真的长大了,能力越来越强了,都可以做这么难的事情了"。

如果孩子经过不懈努力,终于完成了一件作品,那么父母不要对他说"你真聪明",而要说"看到你那么努力,我真是太佩服了"。

记住,自信是成功的第一秘诀。

16

孩子"叛逆",怎么办

孩子为什么"叛逆"

在日常生活中,父母常会用"叛逆"这个词形容孩子。比如,该睡觉的时候要讲故事、该吃饭的时候要看电视、该学习的时候要上厕所、说好了不买可是一看见就要……总之,就是父母要求孩子做什么而孩子总是要干别的。这还算好的,等孩子到了五岁左右,口齿更伶俐、脑子转得更快,还会讲条件。比如,妈妈说"把垃圾扔了",孩子说"那你给我一块钱";爸爸说"该睡觉了,不能再吃巧克力了",孩子说"那我明天要多吃一块巧克力";奶奶说"别拿着棍子到处跑,小心戳着自己",孩子说"那你给我买把枪,我要那种最大、最长的枪"。在各种所谓的叛逆行为中,最让父母不知所措甚至颜面大失的就是当众哭闹、撒泼打滚、连踢带打、坚决不从。有些孩子从两岁开始,一直到七八岁还这样,这到底是怎么回事呢?

孩子到了一岁半前后,通常会陆续进入第一次"叛逆期",显得越来越不听话。如果父母对此向我抱怨,我通常会告诉他们,这是好事，说明孩子的自我意识在发展，他已经开始意识到自己是独立的个体，有想做的事情，希望证明自己能行，这是心理发展的里程碑事件，父母应该高兴才是。孩子在一岁半左右出现自我意识萌芽，"叛逆"表现在两三岁时最明显，通常会在四五岁时结束。之后，在青春期到来之前的五六年里，孩子都会表现得比较听话，至少不太会发生在超市里为了买东西哭破喉咙的情况。

孩子通常在十一二岁时进入第二次"叛逆期"，也就是青春期。这是人格的一个重要整合期，也是建构自我同一性的关键期。此时，孩子会表现得如同刺猬般难相处、难沟通，也听不进父母的话。不过，这也是好事，说明孩子正在寻找，也即将成为真正的自己。

如果孩子在这两次"叛逆期"都表现得很乖巧，未曾有机会叛逆，那么他到了中年时很可能还会出现第三次"叛逆期"，如不工作、频繁跳槽、动辄辞职、闹离婚、回避现实生活、寻求刺激危险的体验，等等。总之，他们会表现得出格、折腾。

这样看来，一个人早"叛逆"好过晚"叛逆"。在父母面前"叛逆"，好过在自己的妻子、孩子甚至自己的事业面前"叛逆"。

当然，没有人会一直"叛逆"，任何个体都是趋乐避苦的，这是人的天性。如果你感觉孩子一直都跟你对着干，就只能说明你错了。比如，很多孩子都会为了达到目的而常常与父母"软磨硬泡，抗争到底"。一位有一个 14 岁大的儿子的妈妈跟我说："我真想不通，我儿子宁愿花三个小时出去吃顿饭，也不愿意在家吃，他说他宁可绝食。我做的饭有那么难吃吗？"这看似是饭好不好吃的问题，其背后的真实原因是什么呢？

值得一提的是，被父母严格要求、无法做自主选择的孩子，他们会从青春期起，时不时地做出"叛逆"行为。他们通常很孤僻、冷漠、自负、脾气暴躁，甚至会做出极端行为。

其实，很多青少年犯罪都和"叛逆期"父母的处理方式有关。因此，帮助孩子顺利度过"叛逆期"，让他们成为他们自己，是非常重要的。

此外，孩子"叛逆"背后有气质的原因吗？我们发现，气质类型中的坚持性和反应强度会影响孩子"叛逆"的程度和持续的时间。高反应强度的孩子，与父母"抗争到底"的决心更强；易坚持的孩子，"叛逆"的时间可能会更长。因此，坚持性好、对刺激反应强度高并不一定好。孩子的气质如同一枚硬币的两面，顺性教育就是要利用好这两面。孩子"叛逆"并没有错，这说明他们开始拥有真正的自我；让孩子听话并不是压制孩子的"叛逆"，而是要学会用正确的方法引导孩子找到更好的自己。

如何应对孩子的"叛逆"

顺性教育尊重气质基础上的性格养成。以下是引导具有易坚持和高反应强度气质的孩子的两种方法。

第一，对于天生气质属于易坚持的孩子来说，要让孩子学会把坚持的力量（即坚持力）放在正确的事情上，而不是放在跟父母较劲上。

如何做到这一点，取决于父母与孩子沟通的智慧。比如，到了该睡觉的时间孩子还要看书，父母可以对孩子说："喜欢阅读是非常好的习惯，妈妈很高兴你喜欢看书。为了保证充足的睡眠和长个子，现在我们来讲三分钟的故事，怎么样？"这样的沟通至少表明了三点信息：（1）坚持阅读是个好习惯（把坚持力转到阅读上，而不是跟父母坚持是看书还是睡觉）；（2）睡觉可以长个子，所以睡觉很重要；（3）还可以听个故事再睡。一旦孩子的要求得到满足，他就会愉快地顺从。如果跟孩子一直争执，那么反而会耽误时间（可远比讲三分钟的故事所耗的时间要长），破坏心情。三至六岁的孩子对三分钟到底有多长并没有明确概念，但至少知道比一分钟长，他们因此就会觉得时间很长。其实，跟父母讲条件的孩子是聪慧的，也是愿意积极解决问题的。因此，父母不要为此头疼，而要看到积极的一面。比如，孩子说扔垃圾要一块钱，那么父母可以说：“好啊。我提议，我们一起把家务活里你可以做的事情列个清单，这样你就可以开始挣你的第一桶金了。”这样和孩子沟通，不仅能让孩子做家务活，还能对孩子进行财商教育，岂不是两全其美的事情？要记住一个原则：在对易坚持的孩子提要求时，父母要先说"可以"，再说条件，不要轻易说"不可以"。重要的是，让他们知道什么该坚持，什么该放弃。

第二，对于天生气质属于高反应强度的孩子来说，如果父母不让他做什么，他常常会大哭大闹，还可能又打又踢，父母反而需要安抚很久。因此，千万不要和高反应强度的孩子硬扛。

教育不是较劲，尤其是当孩子有情绪的时候。比如，出发前父母就和孩子说好了只买一样东西，结果孩子到了商场后非要买其他东西，不答应就撒泼打滚。有的父母觉得太丢人了，于是赶紧买了草草收场，结果孩子下次还会这么做。遇到了这种情况，父母该怎么办呢？当孩子哭闹时（适用于一切孩子想要而得不到的情况），要先和孩子共情。注意，共情不是妥协，该坚持的原则一定要坚持，但坚持原则并不意味着不理他或强行把他抱走，而是要给孩子肢体上的温柔接触，让孩子表达他的情绪和期望解决的方法。可以这样对孩子说："宝贝，我知道你很想要，这个看上去确实很可爱。不过，在地上打滚、大哭的方式并不能让你拥有它。"这样，孩子就能知道这样做并不能帮助他实现愿望，他也会因此收敛些情绪。然后，父母要向孩子提出建议而不是讲道理。如果对孩子说"出门前咱们就说好了,只能买一个,可你现在又要,这样不对",那么孩子肯定又会闹起来,因为他认为父母又开始批评他了。建议这样对孩子说:"宝贝,你挑的这些看上去都挺好,如果让你选一个最喜欢的,你会选哪个呢?"如果孩子选择了一个,你就要对孩子说:"我觉得这个真的是最好的,我也非常喜欢。"如果孩子想要好几个,你就要对孩子说:"好的,如果你想要好几个,无法做到我们事先约定好的事情,你就要为自己的决定负责任。因此,在接下来的一个星期,你不能看电视、吃零食、玩手机等(剥夺一件他最喜欢做的事情,即负强化)。而且,妈妈在接下来的三个月也都不能再给你买新玩具了,可以吗?"还有一个办法,就是让孩子在商场里玩一会那些他想买的玩具。由于孩子对新玩具的好奇心并不会持续太久,因此这样不仅能满足孩子对玩具的好奇心,还能有效解决目前这个棘手的问题。

最重要的是,一旦父母给孩子立了规则,就要坚持。要避免出现这种情况:孩子抱着一堆玩具回家,看电视、吃零食、玩手机啥也不耽误。如果是这样,父母以后说话就没有效力了。

高反应强度的孩子还可能会出现攻击性行为,这时父母要做的第一件事就不再是共情而是喊停。步骤如下。

- **让孩子停下手中的动作,不一定要停止哭**。哭是他们的表达,父母要尊重。停下手中的动作,以确保孩子不会伤害自己、别人和环境。
- **带孩子离开现场,找个地方冷静一下**。父母要陪着孩子,而不是把孩子放到那里后转身就走。有研究者建议,让孩子冷静的时间是他们年龄的两倍,如五岁的孩子就让他冷静十分钟。
- **等孩子的情绪平静下来,再和他一起讨论**。讨论内容包括:刚才发生了什么;我看到了什么;你觉得怎样;除了动手还可以做什么(一起找办法);刚才站在那里冷静时想了什么。这些讨论可以帮助孩子把注意力从关注事情本身转移到找到问题解决的方法。

> **案例**
>
> 女孩,12岁。不爱穿裙子,喜欢留短发、穿着中性,兴趣爱好都很像男孩(如爱打球、爱玩网游等)。父母怎么说她都不听,甚至越说还越起劲。父母甚至有些担心孩子的性取向问题。

退一万步讲,即便孩子与众不同,父母能做的也只有接纳和尊重。关键是,案例中描述的所有特征(包括是穿裙子还是穿裤子)都无法推测出性别认同有什么"问题";相反,我们可以清晰地看到,这个女孩的自我意识其实很强,知道自己不要什么、喜欢什么。父母之所以担心,源于他们对性别的刻板印象。

我猜测,这个女孩之所以表现出抵触情绪,拒绝穿裙子,很可能是因为她的这个举动表达了对家人干涉她个人喜好的反抗。在这个案例中,父母和孩子的意愿发生了冲突,父母想让孩子穿裙子、表现得像个女孩,孩子却想要保持边界、保持自我,进而想要摆脱甚至战胜父母的意志、顺从自己的心意去生活。

通过拒绝穿裙子、拒绝表现得像个女孩这样的行为,孩子很可能是在告诉父母:我是我自己,我要按照我的心意而存在。因此,父母所关注的问题可能不是真正的问题,而陷入权力斗争的亲子关系才是真正的问题。解决办法很简单:父母撤出这场斗争,不再去干预本来属于孩子的事情，这样，孩子也就没必要出于捍卫"领土"而特意去跟父母对抗了。

对于所有家有"叛逆期"孩子的父母来说，弄明白这一点至关重要。

其实，孩子"叛逆"的时候，也正是父母与孩子共同成长的时候。父母要"抱住"孩子的情绪，巧妙对待孩子的"叛逆"。

最后，我来总结一下父母在应对孩子"叛逆"时可以采用的一个易学、有效的方法：当孩子出现打人或破坏行为时，先带孩子离开现场，最好是让他面朝墙站在一个角落。父母要蹲下来陪他一会儿，说"你需要这样冷静一下"。注意，不要讲道理。

小贴士

　　本章的"叛逆"二字我都加了引号，因为在我看来，本就没什么叛逆之说，若说孩子不听话，跟父母对着干就是叛逆，那就太冤枉孩子了！那些特别听话的孩子，长大了都不会特别快乐，他们往往会成为父母的影子而不是独立的自己！那些可以在"对抗"中长大又接受了适当引导的孩子，既可以活出自己，又愿意为社会服务，这才是有意义的人生！

17

孩子固执、任性，怎么办

孩子固执、任性是家长抱怨最多的问题之一。据调查，儿童行为问题的三分之一都与固执、任性有关。尤其是在我国的独生子女中，约有 64% 的孩子表现出固执、任性、爱发脾气。有些孩子由着自己的性子来，要什么就得给什么，否则就大哭大闹，怎么哄劝都不行。

比如，有的孩子乘电梯时，非要逐层按键不可，要是不让就大哭大闹；吃饭时，即使是自己不吃的东西，如果被别人吃了，也会哭着喊着要别人吐出来；穿衣服时，一定要坚持先穿什么再穿什么，无论那么穿有多麻烦、时间有多紧张；如果定好要出去玩，要是父母因突然的电话而耽误了五分钟，就说父母说话不算数，躺在地上开始撒泼打滚；有人按门铃时，孩子想去开门，结果父母先开了，他们就会很生气，要重新关门再开一次。对于再大一点的孩子来说，父母的苦口婆心都被他们当成驴肝肺。不听话还算好的，如果跟父母说的对着干，那就更让父母头疼。

> **案例**
>
> 女孩，青春期。因为在学校遇到点事，很不爽，就决定不去上学了，天天在家里打游戏。起初，她的父母还耐心地和她讲道理，可女儿就是不去。后来父母急了，威胁孩子说："再不去就打断你的腿！"可是，孩子还是不去。母亲很焦虑地说："我们也不能真的打断孩子的腿啊！当初还非得说自己兑现不了的话！现在都走投无路了！"

孩子小时候固执、任性，父母尚且能依靠权威或拳脚让孩子屈服；等他们长大了，父母若没有权威，即使是拳脚棍棒也都没有用，而且还会适得其反。其实，孩子的固执、任性中，藏着敏感期的信息。

孩子的固执、任性从何而来

我们先说说孩子的固执、任性从何而来吧！

其实，对于两至六岁的孩子来说，这种固执、任性的行为太普遍了。因为这个阶段孩子进入了执拗敏感期，喜欢想当然地按照自己的意愿行事。当孩子不听话、固执己见时，如果父母认为那是孩子"太任性""脾气太倔""无理取闹"，就可能会简单粗暴地批评、遏制、忽视甚至责骂他们。美国《时尚》(Cosmopolitan)杂志报道了一项40年的跟踪研究。研究结果表明，与乖巧听话的"别人家的孩子"相比，性格固执的小孩长大以后取得成功的概率更高。因此，若是能把固执用在正确的事情上，便是"坚持"和"不放弃"。

人们通常认为，凡是不听话、坚持自己、无理取闹、怎么说都不听就是固执。这样就会导致以下两种常见的极端处理方式：

- 如果父母非要孩子按照大人的方式行事，试图改变孩子的固执己见或固有做法（如让孩子从左利手变成右利手，让内向的孩子变成外向的孩子），孩子可能就会更容易自卑，或是更容易违规和暴躁；

- 如果孩子一坚持父母就妥协，孩子想做什么就让他去做什么，不分场合、不辨深浅，孩子就会形成跋扈冲动、人际交往困难的人格特征。

孩子为什么会固执、任性？通常有以下四个原因。

第一，孩子形成自我意识后，会按照自己的意愿探索世界，他们不想自己的意愿被破坏。如果事实证明自己对了，他的自我感觉就会被赋予自信、能干、无所不能的力量。这其实也是他最初的学习动力。

第二，大人看似平常的事情，在孩子看来很可能是不一样的，而且不同的孩子解读事情的差异也与他们的天生气质类型有关。"神经大条"的孩子可能对外界的刺激反应强度比较低，比较容易"看淡"；喜欢钻牛角尖的孩子，如果不能按照计划或自己的内在感受去做事情，他们就会认为非常糟糕。

第三，学龄前的孩子会经历很多敏感期，他们似乎在每个敏感期都会表现得固执、任性，但不同的孩子，固执、任性的程度和持续时间也会有所不同。

第四，父母的规则和要求并不都是正确的。比如，为了安全，父母会禁止孩子爬高摸低；为了卫生，父母会禁止孩子碰触路边的土堆；为了优秀，父母会让孩子学习别人喜欢的学科；为了期望，父母会把自己的兴趣强加在孩子身上。父母这么做，看起来是一切都是为了孩子，但其实并没有看见孩子。

如何引导孩子走出固执、任性

如何引导孩子走出固执、任性？可以就从允许孩子犯错、从气质类型来看孩子的固执、读懂孩子的敏感期和制度规定四个方面着手。

允许孩子犯错

如果孩子犯错能被接纳和理解，孩子就能感受到真正的爱。然而，并不是知道错就没事了，更重要的是把错误转换成经验，从而减少或避免同类错误。因此，对待孩子犯错，我的建议如下。

第一，将"错误"的范围缩得小一点，即不要将孩子因为能力不足而没有做好事情称为错误。比如，小宝宝还不能熟练使用筷子、勺子吃饭，弄得桌上、地上到处都是饭粒，父母就不应将其称为错误，而应鼓励他多练习。如果孩子到了七八岁，吃饭时还上蹿下跳、手舞足蹈，碰洒了饭，摔破了碗，那就是错误。此时，父母应这样做：

- 提醒孩子吃饭时应有的动作和礼仪是什么；
- 收拾自己的"烂摊子"；
- 找到可以让自己下次不再犯同类错误的方法（如吃饭时不要过于激动，把碗筷往里放一点等）。

第二，很多父母喜欢在对孩子的教育过程中，一个唱红脸，一个唱白脸。如果孩子犯了错，一方实施惩罚，另一方则认为孩子受了委屈从而加倍补偿和奖励他，这难免会使孩子产生认知偏差，错误地将犯错和奖赏联系起来。这样不利于培养孩子明辨是非、知错即改的品行。

第三，如果父母能换一个角度，将孩子每一次的问题、错误都看作孩子成长的机会，事情就会完全不一样。父母可以尝试为孩子营造一种合作、和谐的沟通氛围，训练孩子沟通和解决问题的技能。在这种氛围中，孩子将不会再把精力集中于和父母的对抗、和他人的对抗，而是集中在问题解决上。这样一来，孩子的认知、解决问题的能力以及自信和自尊，都会得到极大的提升。

第四，父母还要耐住自己的性子，减少自己的焦虑情绪，给孩子自我学习和反省的空间。比如，很多父母在孩子出错的时候，先是通过唠叨、批评、指责等方式去打击孩子，然后又着急忙慌地帮孩子去解决问题。这样一来，孩子不仅不会感激，还会在父母的引导下，变得愈发没有责任感。

从气质类型来看孩子的固执

在九种气质类型中，分心程度和反应强度会影响孩子能否更快地结束"固执、任性"的状态。越是"专注"、对变化反应强度高的孩子，就越需要更久的时间才能"转过弯来"。因此，对于如何应对这样的孩子，我的建议如下。

第一，允许孩子固执、任性，即允许他们哭，允许他们表达，不要着急说"不行"或"下次"。比如，孩子哭闹着要按电梯楼层按键，父母不要因为有人在、怕丢面子就训孩子，或是为了显示尊严就对孩子说狠话。此时，要先与孩子共情，这样可以快速安抚孩子的情绪。建议抱起孩子，温柔地说"按电梯楼层按键对你来说很好玩，是吗"，或是"能按电梯楼层按键，说明你长高了呢"。然后，可以给孩子出选择题："我有两个提议。第一，你可以等大家都下去后，我们再坐一次电梯，由你来按楼层按键；第二，等咱们在楼下痛痛快快地玩完后（一定要强调将要做的这件事情更好玩），上楼回家时我一定让你来按。你想选择哪个呢？"选择题就是在帮助孩子做分心训练。记住，父母千万别为了逗孩子而把每层按键都按一遍，这样的行为示范太糟糕了！

第二，如果孩子非要做某事不可，父母就要先考虑允许方案而不是"绝对不行"。比如，孩子非要在冬天穿夏天的裙子出门，那么可以对孩子说："好的，你可以试试，但是你真的会很冷。"（别讲道理，什么感冒了、吃药了，都不着急说。）然后打开门，让孩子站在门口先体验一下。绝大多数孩子这时都会知难而退。如果孩子还是坚持这样做，那么，可以让她站在门外再感受一下，往往孩子就会回来加衣服了。此时，可以这样对孩子说："这条美丽的裙子等到天热的时候就可以穿了，现在你可以去选择一件更暖和也很漂亮的衣服穿，如何？"这样孩子就会觉得自己做出了正确的选择，便不再执拗。

第三，对于高反应强度的孩子，等他安静、情绪平和的时候，要跟他讨论，遇到不能实现愿望的时候可以怎么做，如答应了的事情如果突然中途有变，怎么办？鼓励孩子学会把发泄情绪转移到自我安抚，把表达情绪转换为思考和用语言表达。父母可以这样引导孩子："如果是我，我会再玩一会儿刚才没有玩够的玩具；或者问问妈妈处理完那件事需要多久，是否还有别人可以带我出去玩；也可以想想，我可以带什么喜欢的玩具出去；或者跟自己说'一会儿就好，稍等等'。也许等我想好了，妈妈也处理完那件事了。"一旦孩子开始思考和用语言表达，其情绪的反应强度就会明显降低。

读懂孩子的敏感期

敏感期是孩子学习某种知识和技巧最快速的阶段，巧用孩子的敏感期，有助于把固执变成坚持。具体操作如下。

第一，三至六岁的儿童对秩序、排序敏感，但凡涉及先后、上下、左右、里外的事情，他们都会注意。这个秩序是孩子自己内在的想法，因此，应让孩子多动手尝试，父母"懒点"，不代办、不包办。孩子能够按照自己的顺序做事情，他们就不会闹情绪。

第二，三岁半至五岁半的儿童进入追求完美的敏感期，但凡涉及学习知识、掌握技能、完成任务、穿衣打扮，他们都会表现出自己的要求，只有达到这个标准，孩子才会罢休。父母不仅要鼓励孩子做到更好，还要找到让孩子获得能力的方法。比如，教孩子抽象数字求和"1+1=2"，不如拿两个苹果，一人一个，加起来算；如果算"1-1=0"，那就两个人都把苹果吃掉。符合孩子认知发展的方法能帮助他更快地掌握相关技能。

第三，三至七岁的儿童会经历占有的敏感期。他们对任何事情都想贴上"拥有、获得、想要、自己、我的、马上"等标签。因此，父母可以这样做：

- 要有孩子专属的东西，如玩具、衣物、学习用品，以及自己的床、桌子，他们可以想用即用；
- 可以通过竞技类的游戏、运动、演讲和合作类的表演、绘画、手工等活动，让孩子通过努力获得属于自己的东西，如奖状、小红花、奖品、金钱、赞美和成就感，让孩子有"占有"的感觉。

制定规则

制定规则并不是一件容易的事，教育的智慧常常隐藏在规则之后。关于如何制定规则，我的感受如下。

第一，安全感是制定规则的基础，因此请为孩子提供规律的生活环境和高质量的陪伴。

第二，孩子喜欢说"不"的时候是立规则的关键期，让孩子明白不仅他可以说"不"，大人也可以说"不"。说"不"的目的是要找到更好的办法，但目标必须统一——实现孩子的需要。

第三，仅靠说"不"立不好规则，重要的是要具体、清晰地告诉孩子可以做什么。比如，可以说"你生气时可以哭，但不可以摔妈妈的手机"，而不是一句含糊的"不要乱扔东西"。

第四，孩子的反应比大人稍慢一些，要给孩子留出预热时间，别催促。即使是小学生，他们的反应速度和理解能力也还是非常有限的。

第五，跟孩子说话时，要少说"不要"，多说"要"。有研究者调查了几百家企业，发现了一个规律，若这家企业每次开会的时候，大家说"要怎样"和"不要怎样"的比例约为3∶1，那么这家企业就会处于盈利状态，这一比例被称为神奇的洛萨达比例。后来，有人用相同的方法发现，若是夫妻之间的对话中，"要"和"不要"的比例维持在5∶1，那夫妻关系也是极好的。同理，当与孩子相处时，父母应多说肯定、积极、认可的话（如"好、你可以、试试看、我相信、会好的"），而不是否定、消极、不接纳的话（如"不、不行、不能、不要"），二者的比例争取为5∶1。

第六，在制定规则的过程中，如果有爸爸参与，就更有利于孩子建立规则意识。

第七，不要在孩子哭闹的时候讲规则，因为孩子在此时听不进任何话。而是应该先共情，等孩子心情平复下来后再讲规则。

第八，让孩子抉择的时候，父母提出来的条件一定是做得到的，不能开空头支票。这样孩子才能清楚地知道父母说话算话，有利于促进亲子之间发展出相互的信任和默契。

第九，父母的言传身教对孩子建立规则意识很重要。

最后，我们来总结一下父母在应对孩子固执、任性时可以采用的一个易学、有效的方法：对孩子提出来的任何需要都不要先说不行、不可以，哪怕听上去有多不靠谱。万能句式是"好的，我知道你想……，如果……（给他一个条件）"。比如，马上要吃饭了，孩子却要看电视，你可以说："好的，我知道你很想看电视，但是如果现在看，就只能看五分钟；如果你愿意饭后看，则可以看十五分钟。"

18

孩子胆小害怕，怎么办

孩子表现出胆小害怕，很多事情都不敢去做，或是孤僻、不说话、不跟小朋友玩，该怎么办？这是父母问我最多的问题之一。

> **案例**
>
> 女孩，六岁，一直胆小，总说害怕。在一次几家人一起出游时，四五个跟她年龄相仿的孩子很快就玩到了一起。可这个女孩始终拽着爸爸的手，连上厕所都一直问他有没有在外面等她，让他不要走远，因为自己害怕。此时，其他孩子一会儿爬树，一会儿玩土，一会儿玩过家家，一会儿玩捉迷藏。
>
> 爸爸说："你去跟他们一起玩吧，你看他们玩得多开心啊！"
>
> 女孩说："他们不会欢迎我的，我也不敢去。"
>
> 爸爸说："那我去和他们说说啊？"
>
> 女儿连忙扯着他的衣服说："别去别去，不要不要！"爸爸见状，感到很焦虑：女儿从小到大都这么胆小怕事，现在好像越来越严重了。以后可怎么办？

孩子表现出的胆小害怕、孤僻、不善交际，既有先天气质类型的影响，也有后天教养方式的问题。如何应对？其实，方法就藏在构建安全感的细节里。

气质方面

我们先来看看哪些气质类型在其中发挥着作用。

- **活动水平（即活动量）**：活动量小的孩子喜欢安静，不爱动。胆小害怕的孩子通常比较安静。

- **趋避性**：对新环境、新事物、陌生人反应不积极的孩子，会有躲避的倾向，他们会表现出害羞、胆小、内向和拒绝。

- **敏感性**：高敏感性的孩子，别人的面部表情、声调和动作等外界刺激都会对他们造成影响。尤其是女孩，天生就对一些细微的表情线索、肢体线索比较敏感，能从声音或表情中破解背后的意思。一旦遇到压力，女孩就会倾向于自我攻击。因此，社交对她们来说"一半是天使，一半是魔鬼"。

气质是先天的，无好坏之分，如果父母抱怨孩子太敏感、太胆小、不活泼，或硬要逼着孩子去快速适应环境、交朋友、表现出大胆自信的样子，就会事与愿违，如本章开篇案例中的那个女孩一般。她爸爸在分析了孩子从出生到三岁前的一些表现并了解了气质类型后，才明白原来是气质类型在起作用。当然，在后天的养育环境中，父母也可以在尊重儿童先天气质的基础上进行顺性教育，以减少孩子在社交和社会适应过程中的困扰和痛苦。

第一，天生喜静的孩子会让父母觉得很省心，因此父母可能会忽略孩子的运动、亲子游戏和同伴游戏的重要性。尽管孩子不爱动，父母仍要为孩子安排一些活动量稍大的运动和游戏，比如，跑、跳这样的大运动，以及球类游戏、合作游戏等。过家家游戏也很好，这是所有孩子都喜欢的游戏。喜静的孩子会和玩具玩，父母不妨也参与进来，扮演一些偏"动"的角色。也许孩子开始积极性不高或坚持时间较短，没关系，父母要促使孩子兴奋，帮他们多建立几条大脑的兴奋高速公路，运动可以促进大脑分泌内啡肽，让孩子感受更多愉悦，这对于他们的社交兴趣和适应性都是极大的促进。而且，如果他们认为自己可以进行一些剧烈的运动或游戏，他们内在的抗挫折力量也会慢慢增强。

第二，对于低趋避性的孩子，父母要做到以下几点。

- 不强迫。不强迫孩子非要大胆，真诚的鼓励比强迫更有效。可以对孩子这样说："我能感受到你很害怕，我陪着你呢！我们一起试试好吗？"

- 不批评。具体的建议比批评更有效。不批评孩子的胆小害怕，因为越批评越强化，孩子越不知所措。父母要告诉孩子怎么做而不是责备他做得不好，这样孩子才知道如何做。再以案例中那个不敢和小朋友玩的女孩为例，父母可以这样对她说："突然加入他们的游戏真的是让人有些尴尬或害羞，所以我有两个建议——一是我们也玩起来，说不定他们会加入我们的游戏；二是我跟你一起过去，问问他们是否可以一起玩。"当父母给孩子方法的时候，在开始阶段要跟随和陪伴，孩子一旦融入，父母就可以慢慢撤退了。

- 不吓唬。共情比吓唬更有效。诸如"被警察叔叔抓了""被大灰狼吃了""不要你了""不爱你了"这些话会让孩子胆子更小，因为他们还不能完全分辨真假，以为父母说的就是真理。中医讲"恐伤肾，肾是先天之本，主神明"，如果孩子身体因此而受损了,他们参与外界活动的意愿和能力就会大大减退。可以这样对孩子说:"每个人都有害怕的时候,连妈妈这样的大人也会害怕。如果我感到害怕,我就会试着深呼吸。"然后,给孩子做示范。这样做的目的是让孩子充满勇气,而不是让他们更害怕。

第三,对于高敏感性的孩子,父母要帮他适度脱敏。要坚持这样的脱敏原则:学会放手,允许犯错。具体的方法是,让孩子拥有各种体验,鼓励他们尝试各种可能。很多高敏感性的孩子害怕犯错后被批评,受到批评会觉得自己很糟糕、很笨、很没用。为了避免这样的体验,他们选择了不去做。高敏感性的孩子处理失败需要的时间更久;失败本身不是让孩子更敏感的原因,家长对失败的完全否定和责备才是。因此,让孩子在各种不同的体验中不断获得能力,他们就能逐渐拥有自信。同时,父母对他们胆小害怕、退缩的情绪和行为不要过度反应。也许敏感会一直伴随着孩子,但只要孩子不会因敏感而影响生活、学习、沟通和社交,那就没问题。

教养方式方面

. 在尊重气质的基础之上,父母还要注意后天的教养方式。因为有不少孩子表现出胆小、害怕、退缩,或孤僻、不与人交往,也很可能是由于后天教养不当导致的。研究表明,没有安全感的孩子常会表现出胆小退缩的行为。如何建构孩子的安全感呢?我的建议如下。

第一,父母要保持积极稳定的情绪。案例中的爸爸后来专门约了我的咨询,我才发现,原来孩子的妈妈脾气暴躁,发起火来掀桌子摔盆,从不避讳孩子;在日常生活中常表现出对爸爸的嫌弃,对于孩子做错事更是不依不饶。在这样的家庭氛围中，孩子怎么可能不害怕呢？因此，孩子表现出明显的退缩和不敢与人交往也是意料之中的。孩子越小，受妈妈情绪的影响越大，大量的临床案例表明，如果妈妈情绪消极或喜怒无常，孩子就常常会表现得胆小脆弱。因此，妈妈需要努力调整自己的情绪状态，尽量控制情绪，避免在孩子面前大发雷霆。

第二，父母要对孩子的需要敏感，及时回应。孩子的需要分为两种：生理需要和心理需要。生理需要好满足，因为孩子会说出来；心理需要相对不好满足，一是因为孩子说不出来，二是因为父母不够敏感，三是因为即使父母看到了，也可能因为在忙而无暇顾及或太累而没有回应。孩子的心理需求无外乎被关注、被理解、被接纳、被尊重、感到爱。因此，如果父母可以敏锐地觉察孩子的哭声、语言、情绪的变化以及想要去做的事情，并给予最大的支持、宽容和帮助，孩子就会有更多的安全感。如案例中的女孩不敢上厕所，父母就可以先陪在门口跟她说会儿话；然后，慢慢过渡到不站在门口，但孩子召唤时能及时出现；再过渡到告诉孩子等她上完厕所，父母就会去找她；最后到她可以自己上完厕所去找父母。一步一步地让孩子知道父母一直在，会陪她渡过难关。只要内心感受到安全，孩子就不会一直提要求。

第三，父母不要对孩子保护过度。在成长的路上，出现磕磕碰碰都是很正常的。有的父母看到小狗跑来，就会吓得赶紧把孩子抱起来；觉得地板太硬，就在家里铺满了软垫；听到孩子说害怕，赶紧把他抱走；在外面吃饭或游玩时，常会抱怨不干净、不卫生、不安全；总是跟孩子说"外面坏人太多，不要跑，不要跟别人讲话"。一位儿科医生曾和我讲过一个故事。有一次，奶奶带着孙子去看病，孩子坐在椅子上20多分钟，奶奶一直不停地说"来喝口水""来吃点东西，我孙子可不能饿着""把扣子给你解开一个，别热着"。医生有点哭笑不得地说:"阿姨,我敢保证您以后不会得老年痴呆,但估计您的孙子可能会得。"如果父母保护过度、包办太多,孩子就很可能做什么都不行,长大后会处处碰壁。

后天的教育,不仅要尊重孩子的气质类型,即了解这就是孩子的特点,还要因势利导,知道如何在后天养育。以上说的三点教育方法并不容易做到,还需要父母明确教育的目标和目的——培养独立、快乐生活的孩子。**孩子终归是要独自在真实的世界中行走,教会他们识别危险的信号和解决困难的方法,才能让孩子内心拥有真正的安全感。**

最后,我来总结一下父母在应对孩子胆小害怕时可以采用的一个易学、有效的方法:当孩子不敢做什么事情时,可以蹲下来,搂着他或抱他坐在腿上,微笑着对他说:"我知道你感到害怕,宝贝,我们一起试试好吗?"如果孩子不想,就不要勉强,可以在日后的岁月中注意捕捉合适的时机再鼓励尝试。

19

孩子拖拉磨蹭，怎么办

如果让家长排出最头疼的育儿问题，拖拉磨蹭绝对能排在前五名。早上不起床，磨磨蹭蹭穿衣服，20分钟后总算下了床；接着开始洗漱，挤牙膏、刷牙、洗脸、擦油，又是20分钟；最后从穿衣穿鞋到走出家门的过程是最让父母炸毛的，穿这个不穿那个、带这个不带那个，又是20分钟。为此，父母白天还需要养精蓄锐、平心静气、攒够控制力，因为晚上回家又有一轮大战拉开序幕。写作业磨蹭、吃饭磨蹭、洗漱磨蹭、上床磨蹭，等到孩子彻底睡着了，父母感觉像是脱了一层皮。

> **案例**
>
> 男孩，小学一年级。写三个字，居然花了六个小时。时间都用在这摸摸、那抠抠、削个铅笔、找个本子、捡个橡皮，趴在桌子上小睡、发呆、自言自语、做白日梦，什么都可以做，就是不写字。

拖拉磨蹭绝对不是好行为，不仅会大大影响学习效率，而且长期拖拉磨蹭还会形成拖延、不负责任、社会适应能力低、消极迟钝的性格。

拖拉磨蹭从何而来

拖拉磨蹭从何而来？现在想必大家都有一个共识——应该是有气质的原因吧！

如果你能这样想，那么真的特别棒！

儿童发展心理学家从未停止过这个讨论：先天和后天，到底哪个对个体的发展影响更大？如今，心理学家都认可先天和后天会同时作用于个体的发展，只是在不同时期和不同事件上作用的时间长短和程度有所不同。比如，在儿童早期阶段，遗传对儿童身高、体重、体型、眼睛的颜色、鼻梁的高低、智力基础的影响非常巨大。随着年龄的增长，环境及父母的教养方式对孩子性格、社交倾向、情商、学习动机、内驱力、自信等心理品质的影响更大。因此，关于任何问题，我们都可以从先天和后天这两个角度来理解和学习。

拖拉磨蹭亦如此——既有天生气质的原因，又有父母教养方法不当的原因。如何在顺应气质天性的基础上，帮助孩子克服拖拉磨蹭的习惯呢？

气质类型中的生理规律性和敏感性都会影响儿童拖拉磨蹭的表现。规律性差的孩子做事情的时间不固定，随意性较强，对时间没有概念，对要做什么、什么时候做没有计划，通常会表现出比较散漫的状态；而低敏感性的孩子对周围环境的变化和改变的反应速度会较慢，从一件事切换到另一件事的时间要更久，启动的速度更慢，也就是大家常说的"慢热"。

气质方面

就规律性差和低敏感性这两种气质类型的影响导致的孩子拖拉磨蹭，我给大家以下两条建议。

第一，保持规律的作息时间，以增强孩子的时间概念和习惯养成。孩子在三岁入园后，生活习惯会逐渐规律。虽然在家和放假都会打乱孩子原有的规律，但是可以让孩子在时间节奏上放缓，确保该做什么还是要去做。比如，放假了，早上还是要洗漱吃饭、游戏运动、学习阅读，可能时间会比在幼儿园晚了一至两个小时，这没有关系，但一定都要做。晚上还是要让孩子按照上学期间的时间入睡，保证充足的睡眠是非常重要的。最好大人和孩子一起入睡，营造气氛，哪怕是等孩子睡了之后再起来工作。这样，孩子就可以建立最基础的活动和休息的规律，有静有动的生活方式也随之慢慢确立。要避免出现孩子一到放假就"撒丫子"、父母也懒得管的情况。要知道，对于拖拉磨蹭的孩子，放假时该做什么就做什么是非常重要的，因为与规律性强的孩子相比，他们需要更长的时间、更多次的重复和不断的强化才能形成规律。

第二，对于低敏感性的孩子，需要反复提醒，但提醒方式针对男孩和女孩有所差别。性别心理学的研究表明，女孩对声音敏感，男孩对动作敏感。因此，如果提醒低敏感性的女孩要做什么，那么先要用声音提醒，再用动作带动。比如，提醒孩子刷牙时，你可以说："宝贝，还有10分钟你就可以开始给小牙齿洗泡泡浴了。"还剩五分钟的时候提醒第二次，还差一分钟提醒第三次，不要在时间快到的时候才说。第三次提醒时，走到孩子面前，拉起她一起去做接下来的事情。对于男孩，则需要先用动作带动，再用言语引导，因为男孩对触觉和视觉信息更敏感。对于低敏感性的男孩，父母要走到他面前，抓着他的胳膊或抱着他，看着他的眼睛说："宝贝，还有 20 分钟我们就要去幼儿园了，现在我想和你一起去穿衣服。"这句话包括以下三个信息：

- 给男孩更长的启动时间，因为他做事情更专注，不容易分心；
- 要有肢体接触，触觉感受会让孩子有意识地去听；
- 父母会陪孩子一起做这件事。

教养方式方面

看到这里，有的妈妈可能会担心：需要一直陪着吗？那我哪里还有时间做自己的事情呢？

当然不需要，因为除气质类型会影响拖拉磨蹭外，还有很多不当的教养方式也在起作用，主要包括以下几个方面。

第一，父母生活方式不健康、不规律。有一些家庭，父母经常在晚上加班，导致孩子也跟着一起熬，睡得很晚。这样一来，一天的时间就被拉长了很多，孩子做事时就会不慌不忙。

第二，父母过于啰唆。有的父母总是不停地叫孩子做这个、做那个，做不好就批评，时间久了，孩子就会渐渐对被批评和被否定不再在意，干脆就拖拉着不去做了。

第三，父母给孩子定的目标太高、要求太严、方法死板。比如，有的父母会规定，每天必须练琴一个小时，写字必须工整、一笔一画，跳绳 500 个，否则不能吃饭、不能玩、不能睡觉。面对难以达到的目标，孩子很难做到最好，即使不得不去做，也会磨磨蹭蹭、拖延时间，最终让事情不了了之。

第四，父母给孩子安排的事情太多，让孩子疲于应对。孩子上的很多兴趣班都不是他自己喜欢、自己选择的，而是妈妈喜欢、妈妈选择的，这就本末倒置了！孩子学得痛苦而且很累，到最后是真的没有力气坚持下去了，于是就磨磨蹭蹭。

如何应对孩子拖拉磨蹭

了解了导致孩子拖拉磨蹭的原因后，父母可以如何应对呢？我的建议如下。

第一，父母的生活要尽量规律。至少在睡觉、吃饭的时间上父母要和孩子同步，哪怕是等孩子睡了再起来工作也好，入睡的氛围很重要！

第二，父母要少啰唆、多陪伴，帮助孩子养成新习惯。比如，孩子学习、做作业磨蹭，不要总说"你怎么还在玩""你怎么还不做作业""你怎么又做错了"，而是可以说"宝贝，听说你们又学了新知识，你能教教我吗"，让孩子有学习的成就感；还可以说"宝贝，今天晚上我们一起做作业吧，看谁先搞定这些难题"，让孩子有学习的好奇心；还可以说"宝贝，做完作业我们可以去……（做一件他特别想做的事情）"，让孩子知道好玩的事情有很多。改变拖拉磨蹭的习惯，有些孩子可能需要几周，有些孩子可能需要几个月，总之，父母需要更多的坚持。

第三，给孩子设定"跳一跳，够得着"的目标。尊重孩子的兴趣，给他们练习的时间，鼓励他们去做到最好状态，这就是"跳起来就能够得着"的目标。比如，孩子不想练琴，坐在钢琴边磨磨蹭蹭，你可以这样做：

- 规定练琴的时间一次不超过 30 分钟（这个时间随着练习的熟练度和难度再做调整）；
- 孩子说练五遍，你就不要非要求十遍，认真练五遍的质量比应付练十遍更好，你可以要求孩子这五遍都不出错，如果出错就把错误的地方再练习三遍；

- 和孩子一起讨论练琴的难处，从容易的开始练起，如先复习之前熟练的曲子，或从基本的音阶开始活动手指；
- 孩子练完琴要给予积极鼓励和正面肯定，增强孩子的自信心，不要让每次练琴都成为噩梦。

第四，学会留白。两件事情之间给孩子留 10~30 分钟的机动时间，年龄越小的孩子，给他留的机动时间越长。因为年龄小的孩子动作发展慢，自控能力低，又容易被新异刺激分心，所以父母要学会先跟后带，即先跟随孩子的脚步，观察他的行为方式，再带着他去做要做的事情。不要把孩子的时间安排得太满，一件事接着一件事，没完没了的状态会让孩子不想应付。给孩子报课外班也是同样的道理，3~5 岁的孩子建议报两个左右，5~7 岁的孩子建议报三个左右。

第五，用游戏的方式让孩子对不想做的事情重燃兴趣。像刷牙、洗脸、上床睡觉这样的事情，几乎所有的孩子都不感兴趣，但这些事情又都是重要且需要做的。如果父母能让这些活动变得有趣起来，孩子就不会因排斥、抗拒而表现得拖拉磨蹭。比如，刷牙时，可以说"小火车要进山洞了""牙齿村里要洗泡泡浴了""牙刷卫士要和坏蛋蛀虫大战"；洗脸时，可以说"变脸游戏开始了"，擦一下换一个鬼脸，或者和孩子玩毛巾游戏，把毛巾叠成不同形状来擦脸；睡觉时，可以说"要去梦里旅行了""要去追赶黑夜的宇宙了"等。如果你真的不知道说什么，别担心，这类绘本特别多，可以让绘本来帮忙。

在应对孩子的拖拉磨蹭时，父母一方面要尊重气质的影响，尊重孩子动作和身心发展的特点；另一方面要注意改变错误的教养方式，"育儿先育己"，和孩子们一起行动。

  最后，我来总结一下父母在应对孩子拖拉磨蹭时可以采用的一个易学、有效的技巧：需要让孩子做事情的时候，走到孩子跟前，拉着他的手，看着他的眼睛说"宝贝，现在是……的时间，我们一起去吧"，或者"咱们来比一比，看看谁先去……"

第四部分

顺性教育观

20

儿童发展观

儿童的气质类型与儿童的性格是有区别的：气质类型是天生的，无所谓"好坏"；而性格主要是由后天因素造就的。性格在儿童社会化过程中会呈现出不同的特征，有的性格特征有利于儿童对社会的适应，有的性格特征则会给儿童的社会适应带来困难。所谓"顺性教育"，就是在尊重儿童天生气质类型的基础上，采用科学的教养方式，帮助父母塑造儿童优良的性格品质。

在第一部分，我介绍了气质和性格的概念、二者之间的联系和区别，以及我所采用的儿童的九种气质类型；在第二部分，我结合气质类型，和大家分享了重要的优秀性格品质的培养方法；在第三部分，我通过分析六种儿童常见的性格问题（输不起、不自信、"叛逆"、固执、任性、胆小害怕和拖拉磨蹭），帮助大家看到性格背后不同气质类型是如何起作用的，以及如何帮助孩子变得不怕失败、有自信、不任性、有勇气、肯听话、不拖拉。总结起来，无外乎以下两种做法：

- 尊重儿童气质类型上的差异，不比较、不否定；

- 学会科学的教养方式，多反省、多练习。

前人的研究

如今我们对孩子的培养，不可否认有太多急功近利的成分，其实这也无可厚非，谁不希望孩子成功？

然而，现在的孩子似乎越来越难管，我们不时会看到很多关于孩子离家出走或欺凌同学的新闻报道。为什么物质条件越来越好、生活水平越来越高、学习工具越来越多，人却越来越不快乐？

教育，从来都不是简单的事，而是各种因素综合的结果。而且，教育是有规律可循的，因为人的身心发展是有规律的。

1882年，德国心理学家普莱尔（Preyer）出版的《儿童心理》（*Die Seele des Kindes*）标志着儿童心理学的诞生；20世纪初，美国心理学家霍尔（Hall）将儿童心理学的研究范围扩大到青少年时期；20世纪30年代，精神分析学派大师荣格提出了"中年危机"理论；1980年，德国发展心理学家巴尔特斯（Baltes）又提出了"毕生发展观"理论。至此，个体从出生到死亡的发展开始有据可循。

尽管发展心理学对先天和后天、发展的阶段性和连续性、敏感期、心理评估等诸多方面都存在分歧，但大量对儿童早期生活经验、成长经历以及人格发展的研究，都存在跨文化的一致性。

比如，安全感缺乏的小孩通常有两种表现：一种是怯懦、退缩，另一种是非常有攻击性。有攻击性的小孩通过向外攻击的方式保护自己不受伤害——原本应该保护他们、让他们感到安全的父母，显然没能扮演好这个保护性的、类似靠山的角色。部分留守男童和校园中欺凌他人的学生，都属于这种典型群体。说到底，他们不过是内心有太多的无力感和无用感,并错误地想要通过欺侮他人的方式证明自己的强大。归根结底,他们就是一群不曾被父母爱过、价值感极低的孩子。

又如,原生家庭对孩子是否能够获得幸福至关重要。如果在家里一切以孩子为中心,孩子有求必应,没达到目的就撒泼打滚,父母又没能坚持自己的原则,很快让步,孩子就会目无法纪、嚣张跋扈,却外强中干;如果父母和孩子的关系比较疏离,即孩子和父母间没有建立起好的亲密关系,那么他很可能需要通过捣乱才能引起父母的注意;如果父母事事包办代替,孩子就如同藏在壳里的蜗牛,缺乏成为自己的勇气和能力,一旦遭遇挫折,就会龟缩起来,放弃希望;如果父母过于严厉,孩子就不能获得认可和接纳,进而无法获得内心真正的力量,甚至一辈子都活在父母的藩篱之中。

我尊重并信赖这些历经几代人、历时100多年的研究成果,否则育儿的故事就会变成无法预料的事故。

接下来,我想和大家分享我这将近20年的研究和10年来带俩娃的感悟。

我的感悟

成功开挂的人生,首先是成人。何谓成人?就是做自己!

建构自我系统,需要关系的滋养,而关系也塑造了每个人的人格。

自我系统的内容丰富,包括自我意识、自我评价、自我体验、自我控制、自我价值,以及自尊、自信、自立、自在、自由等。可以说,但凡与自己相关的都在这个系统里。对自己的认识,皆来源于人生的三大基本关系——亲子关系、师生关系和同伴关系。这三大关系决定了人们的立足之处、社交属性和人性底色。

个体若自出生后就拥有好的亲子关系,便有了安全感;在成长的过程中若能拥有好的师生关系,便有了成就感;拥有好的同伴关系,便有了归属感。我认为,这三种感受不仅是人愿意完成自己使命、实现自我价值的基础和前提,更是保障。这三大关系相互影响,在个体成长的不同阶段发挥着不同的作用,从而形成合力,推动个体成为最好的自己。

关于成人,可能早在儿童七岁之前就基本完成了。虽然个人成长是一辈子的事情,但令人扎心的事实是,若孩子在七岁前没有被这三种关系滋养、没有在关系中形成良好的人格,那么在他七岁后父母就要花费两倍、五倍甚至十倍的时间、精力、财力和耐心来重塑关系、重建人格。父母耗得起吗?

若父母一开始便舍得花费功夫和时间、不断学习,高质量地陪伴孩子走过他们人生的前七年,孩子成才便有了希望。

在我看来,**成才的标准只有两个——适应社会,保有自我。**

七岁后,儿童社会化的发展成为其主要的心理任务。学校教育给予孩子知识和技能,家庭教育帮助孩子建立两套系统,这便是儿童发展心理学家让·皮亚杰(Jean Piaget)所说的——同化和顺应。我的理解是,一个人既可以成为社会化流水线上的一颗螺丝钉,哪里需要去哪里;也可以成为不可取代、独一无二的螺丝钉,总有自己闪光的舞台和为自己而来的掌声。

看见自己即成人,拥有成为自己的能力就是成才。如果做到了这两点,那么接下来不成功都难。

我先对"成功"下一个操作性定义。我认为,**成功只有一个定义,那就是感到幸福。**

幸福是一种主观感受，不是别人羡慕的目光；幸福是一种生存状态，不是用金钱、权力衡量的标准；幸福是践行自我的行为，不是不加思考地从众；幸福是坚定的价值信念，不因旦夕祸福而改变。

因此，成功并不是一票难求，一旦你实现了自己的价值，又创造了存在的意义，你的幸福感就一定会爆棚。

成人、成才和成功，是我所认为的人的发展三部曲。读万卷书，行万里路，名人指路，贵人相助，皆是变奏，主旋律只有一个——搞好基本关系，建构良好人格。也就是说，**关系是核心**。

接下来，我将依次谈谈如何搞好这三大基本关系。

21

亲子关系观

孩子跟父母对着干、不做作业、不想上学、总爱哭闹、打人摔东西……这些对抗、拒绝父母的行为，其实都在传递一个信息：父母和孩子之间的亲子关系出现了问题，需要修复甚至重建。

如果父母看不见这些行为背后的含义，不去和孩子联结，沟通就很难进行；即便使用再多教养技巧、再多奖赏与惩戒，也可能适得其反，造成孩子与父母心理上的进一步疏远。若是这种状态持续到青春期（小学五六年级），同伴关系就会取代亲子关系的位置。这并不是好现象。

我们通常认为，孩子有亲密的同伴关系是件好事，说明孩子合群、不孤立、人缘好。然而，儿童行为心理学家戈登·诺伊费尔德（Gordon Neufeld）博士在他的《每个孩子都需要被看见》(*Hold On to Your Kids*) 一书中提到，朋友对于未成年、未成熟孩子的重要性，不能超越父母；同伴关系不能越位替代亲子关系而让同伴成为孩子首要的依恋对象。一旦出现这种情况，就说明做父母的有所缺失，父母需要反省自己是不是忽略了孩子的内心感受，没有真正看见他、给他充足的心理安全感，把他推出了亲子关系的怀抱。

因此，亲子关系是健康人格建构的基础，不要把孩子交给老师、电子产品、老人，甚至是偶像。要把孩子放在手上，但不要怕摔；放在心上，但不要宠溺！

关于亲子关系的建构，我有三点分享：做好沟通，管好情绪，读懂孩子。

做好沟通

少说"不要"，多说"要"

前面有提到，告诉孩子怎么做、做什么，比不让他做更有价值！孩子听到的否定越多，他们就越有可能否定自己，进而否定家人，最终否定他人、否定社会。那些因为自己受挫而拉着无辜的人去死的报复社会的人，一定是在成长的过程中听了太多否定的人。他们所看到的世界是灰色的、可悲的、一事无成的、没有价值的，因此，他们会觉得这个世界是充满敌意的，同归于尽是最好的结果。

我们看到的那些厌学、情绪低落、伤害自己、离家出走的孩子，原本都是爱着自己、爱着父母的孩子。他们之所以有这样的行为表现，是因为他暂时丧失了爱下去的希望，这些行为是他们在向父母发出无声的求救信号。

好好说话

> 📝 **案例**
>
> 有一天早上，还不到七点，我儿子突然哭着喊："我就要坐火车出去玩！"我说："好啊，你想去哪里玩？"儿子说：

> "去杭州,现在就去。"我说:"哦,你想让谁陪你去呢?"儿子说:"妈妈。"我说:"好,等我病(鼻炎)好了,就陪你去。"儿子又说:"不,我要现在就去!"我说:"因为我生病了,估计买不到车票。"儿子又哭着说:"那我要吃爆米花。"我说:"嗯,好像好久都没有吃了,我们也该去看场电影,吃个爆米花了!"儿子说:"我现在就要去看电影吃爆米花!"我说:"好,我查查有没有好看的动画片。"我拿出手机看完后说:"真是遗憾,今天没有好玩的动画片。不如这周末咱们在家里看一个动画片,我再去买些爆米花,我们一家人坐在一起看。"儿子想了想说:"不,我今天晚上就要看。"我说:"嗯,今天晚上看也是个不错的想法,只是爸爸妈妈和姐姐就不能陪你看了,你确定吗?"儿子停了一下说:"那好吧,周末一起看。等新冠肺炎疫情过去了,我们再出游。"我抱着儿子说:"你总能做出正确的决定,真是太棒了!"
>
> 五分钟后,儿子跟我说,他刚才喊是因为做了一个梦,他梦见妈妈坐高铁去了杭州,还看了电影、吃了爆米花。

孩子的情绪通常来得猛烈,我认为不要随意给孩子贴上"无理取闹"之类的标签。孩子的大脑在儿童期时还在发育,尤其是负责自我控制的脑部区域是发育最慢,也是发育最晚的。父母要做的是培养孩子可以商量的能力。比如,当孩子吼叫着哭诉的时候,父母可以说:"宝贝,你这样说话我听不清,就没有办法知道你想要什么了,你可以好好和我说话吗?"

在家里,好好说话是很重要的。好好说话,意味着父母可以共情,可以控制自己的情绪,可以理智地表达需要,可以接纳对方。若孩子凡事不能好好商量,遇到事情就着急或特别坚持,就请父母先反省自己是不是也会在着急的时候不好好说话！

每天一小步，从好好说话开始！

> **小贴士**
>
> 亲子沟通中常见的误区
>
> ❶ 我的孩子我了解，他不说话我都知道他要干什么。
> ❷ 沟通的目的是让孩子听我的，我不能让孩子走弯路。
> ❸ 我会听孩子说，但他们的意见并不重要。
> ❹ 如果孩子不愿意说，我就会想尽办法让他开口。
> ❺ 该吓唬就吓唬，该骂就骂。

上述做法的沟通效果通常都不会好。这些问题都表明，这样的父母没把孩子当作独立的个体，也没有尊重他们。成人之间的沟通亦然，成人通常会对那些不懂尊重、动不动就呛人的人选择不屑一顾。然而，孩子很难做到一笑而过，他们通常会把别人（尤其是父母）的话当作真理，印在心里。

如果希望孩子的心里开满鲜花，怡然自在地成长，就请父母在沟通的时候学会使用黄金句式，少用灾难式语言（见表20-1）。

表 20-1　　　　黄金句式 vs 灾难句式

黄金句式	灾难句式
嗯，好的	不，不行
可以，如果……	不行，否则……
我特别想听听你的意见	你听我的就得了
哇，你怎么可以做得这么好	看看你做的这些，比起……差太远了
我知道你很难过，因为……	这有什么好难过的，不就是……

续前表

黄金句式	灾难句式
没关系，我们一起想办法	怎么又做错了，你是猪脑子吗
做错事不可怕，办法总比困难多	就你这样，以后只能去扫大街了
看来你需要我的帮助，我可以做什么	你真是无可救药了，我对你太失望了
你这样做让我很难过	我都白教育你了，花了那么多钱，你对得起我吗
我想你需要一个抱抱	离我远点，我看到你就生气

洞察型沟通

亲子之间有一种沟通，我称之为洞察型沟通。典型句式是"让我仔细看看"。

年龄小的孩子往往不能非常清晰地表达他的担心和忧虑，因此会通过听上去莫名其妙的语言或看上去不可思议的行为来表达。比如，孩子本来对幼儿园生活适应得还不错，可突然就哭着说不想去了，你问原因，他也许不说，也许说不清，也许说了在你看来都算不上理由。于是，你还是坚持每天送孩子去幼儿园。突然有一天，你得知孩子可能被老师打了，或者被别人用很难听的语言辱骂了，你才会想到孩子不愿意去的真正原因。

我一直认为，孩子不会无缘无故地哭闹，一定是他们感受到或经历了什么。由于成人的感受性弱，因此往往无法真正体会孩子当时的情绪。父母应该静下心来，找到方法去洞察孩子情绪背后的原因，而不是急着说"你不能不去幼儿园啊，别的小朋友又学……了，你要是不去就要落后了"之类的话。

要知道，人本身是最重要的，所有外化的成绩都需要依附在这个人身上。因此，当孩子有情绪的时候，父母讲道理、画大饼的努力通常都不管用,因为此时父母并没有尊重孩子的主体意识!孩子只要有情绪,就会一直跟父母较劲。

管好情绪

处理好孩子的分离焦虑

并不是只有在童年阶段才有分离焦虑。与抚养人(尤其是妈妈)的分离焦虑会伴随人的一生。从妈妈第一次出门到断奶,再到自己走出家门走进幼儿园,最后到真正的心理断乳期,每一次分离,都会引起孩子的极度焦虑。

孩子要健康长大,不仅需要依恋父母,还要走向外界、独立生活。因此,处理好孩子的分离焦虑格外重要。孩子人生中的无次数分离,都是以早期与父母的分离互动为蓝本复写的。早年孩子获得的依恋以及处理分离的经验,都将成为他的"内部工作模式",影响他的一生(包括人格发展、心理状态、情绪状态和行为模式)。一个无法在心理上与父母分离的孩子是没办法真正长大的。传说中的"巨婴",往往就是未剪断心理脐带、没与父母分离过的孩子。

为人父母,一方面,需要与孩子建立亲密关系,帮孩子形成稳定而安全的依恋;另一方面,需要"应该离开时就要离开",并妥善处理孩子的分离焦虑情绪。

如何妥善处理孩子的分离焦虑情绪呢?可以参考以下方法。

- 在孩子能走、会动之后,父母就有必要经常带孩子到户外活动了。这样做,不仅能拓展孩子的活动场所和眼界,还能为孩子接触社会、融入社会做积极的准备。

- 爸爸需要多参与养育，确保妈妈和孩子"亲密有间"。比如，爸爸可以给孩子讲一讲家外的有趣事件，多陪孩子玩到开怀大笑。笑对人生的孩子，运气大都不会太差，也更勇敢。

- 和孩子做一些分离预演。比如，和孩子一起玩角色扮演游戏，分别扮演去上班的爸爸、妈妈、宝宝，开心地排练分离的动作和步骤，可以有一些仪式化的动作（如抱一抱，说"再见"）。这是为真实情景中父母与孩子的分离做积极的铺垫，从而帮助孩子积极应对未知的恐惧。

- 父母在日常陪伴孩子的过程中，要给予孩子积极的回应，特别是在孩子有需求时。即便无法及时满足他或无法及时赶到他的身边，也需要在言语上做好情绪安抚，让孩子知道，父母一直在自己身边，自己是被关注的。

- 当父母要离开时，一定要和孩子做好分离，这时仪式化的分离步骤很重要。千万不要什么也不说就偷偷离开，这样很可能会造成孩子的恐惧。要告知孩子自己要去哪里、要做什么、什么时候回来，并尽量说到做到。如果无法按时回来，就要打电话告知孩子。

- 当主要照顾者（如妈妈）要离开时，一定要获得其他照顾者的支持和帮忙。最好是孩子比较信赖的人（如爸爸或爷爷、奶奶），接纳孩子因分离而产生的坏情绪，耐心陪伴孩子度过这个分离阶段。

- 随着孩子长大，妈妈需要逐步恢复自己的正常生活，也要让孩子与同龄人的发展相辅——该入园就要入园，该上学就去上学。

大人小孩都通用的情绪管理训练方法

约翰·戈特曼（John Gottman）教授提出了情绪管理训练，我觉得很好用并希望与大家分享：

- 包容孩子的情绪，但要对其行为划定明确的界限（即什么能做，什么不能做）；
- 情绪不分好坏，无论哪种情绪，都是生活的自然组成部分；
- 当孩子表达自己的情绪时，给予足够的耐心；
- 尊重孩子的情绪，即不要你觉得，而要他觉得；
- 不轻易忽略孩子任何微小的情绪变化，即敏感但别过头；
- 重视与孩子之间的情绪沟通，注意，父母不要带着情绪去沟通；
- 尊重孩子的独立自主性，引导孩子独立探索解决矛盾的方法，即相信孩子可以解决问题。

父母要接纳自己和孩子的情绪

> **案例**
>
> 曾经有位家长问我："罗老师，你说要接纳孩子的情绪，好像对我家孩子根本没用。比如，今天我不小心弄坏了孩子的一个小玩具，他就在那里哼哼唧唧半天，我觉得他有点故意闹事，不过还是忍着没发火，耐住性子跟他道了歉。不道歉倒还好，按照我以前对他的方式，要是凶一点估计他早就

消停了。这次的结果是,我道完歉,他却哭起来了,对着我又是喊又是叫的。我气恼极了,最后还是揍了他一顿。为什么我觉得很多育儿方法在我孩子身上都不管用呢?难道非得要我对他粗暴点才行吗?"

似乎很多父母都会有这样一种不切实际的幻想:教育孩子一定会有一招制胜的必杀技,上面案例中的妈妈就是如此。这种高期待换来的就是高度失望:"你说的那个共情和接纳孩子情绪的方法好像不行呀!我的孩子就是脾气坏、不好管啊!"正是出于这种误解,这位妈妈在道歉后就期待着能够"见效"。结果,孩子并未接受妈妈的道歉。于是,妈妈心想:我都道过歉了,你怎么还乱发脾气呢?妈妈更加生气了。

上述案例中的逻辑是这样的:妈妈不得已忍让,仿佛就是为下一次的爆发做准备,这就进入了一个怪圈。

在现实生活中,有不少父母从一开始就没有真正接纳孩子的情绪,且想当然地以为,孩子就是一道方程式,只要掌握了解题方法就可以得到想要的答案了。

如果有这样的想法,就是大错特错。孩子是情感动物,每个孩子都是不同的。此外,孩子还在成长中,还没有足够的能力清楚地理解、记得或做到父母只说一遍的事情。他们的情绪管理能力需要很长时间才能慢慢得到提高。

因此,若说培养孩子的情绪管理能力有什么窍门,那就是耐心,耐心,再耐心。其他具体的育儿技巧都是次要的。

耐心，耐心，再耐心

耐心是一种人格特点，与基因有关，也有源自个体在环境中的修炼。我认为，育儿是最需要耐心的。只有父母有耐心，孩子才会感到被接纳和理解，进而产生安全感。然而，需要重点强调的是，耐心并不代表父母无条件接受孩子的所有行为，如果孩子一直拽父母的头发而父母依然面带微笑，那么这肯定是不好的。

我以前是个急性子的人，一句话可能就让我起急。后来，由于养育了两个孩子，我发现自己最大的变化就是变得更有耐心了。在这里，我想与大家分享自己的经验。

- 告诉自己：无论是教育孩子还是自我教育，这都是终生的事情，着急没用。

- 积极暗示：我要养育快乐健康的孩子，我需要耐心。

- 情绪管理：常思己过。具体方法包括：离开现场（如走开一会儿），深呼吸，管住嘴别说话，放空自己或是做一件自己喜欢的事；想发脾气的时候，想想是孩子让你生气，还是你自己生气，也就是要找到元情绪；如果还是发脾气了，那么可以让孩子提醒自己（如我和女儿约定，若她看出我发脾气，她就会拥抱我。因为她发脾气的时候，我也会拥抱她）。

最后想说，中国男人看起来很善于"控制"自己的情绪，喜怒哀乐，不形于色。于是，人们便误以为，压抑情绪就是情绪管理。这种所谓的"情绪管理"，其实只是把坏情绪埋藏到心底。这与心理学中的"情绪管理"（即控制并调节情绪）不是一回事，甚至可以说是南辕北辙。那些惯于压抑自己情绪的人，一是因为他在某种压抑环境中不得不隐藏自己的真实情感，时间长了也许就成了习惯；二是现代人通常浮躁而忙碌，无暇顾及自己的真实感受，也不会用心感受。

读懂孩子

读懂"自私"

自我中心是孩子在 0~7 岁时期的心理特点之一，这个阶段的孩子的表现如下：

- 我看到的就觉得是自己的；
- 别人的东西，只要我喜欢，就可以拿来；
- 别人要我的东西，我不能给，给了我就没有了。

如果不能理解孩子的自我中心，父母就会给孩子贴上"自私"的标签。比如，在二孩家庭，两个孩子出现了矛盾，老大常常被父母这样说："你怎么那么自私，给弟弟玩一下怎么了？他那么小，你是老大就应该让着弟弟！"一旦父母这样说了，两个孩子的关系就一定好不了。

因此，读懂"自私"就是读懂孩子的自我中心，父母需要知道这与自私不同，这是由认知发展的有限性决定的，与我们认为的自私自利完全不同。

孩子因被人抢了玩具或是不能得到自己想要的东西而产生情绪，这是很正常的。父母只需接纳孩子愤怒、烦躁、沮丧的情绪，在他三岁前不勉强他分享，三岁后在家庭中形成分享的氛围（如买了东西大家一起吃，轮流玩玩具，少说诸如"这是专门给你买的"此类的话），要多对孩子的分享行为给予即时的赞美等。

读懂敏感期

仔细观察孩子,就能读懂他们敏感期的信号,举例如下:

- 孩子开始吃手、扔东西、各种抓、握、捏,那就是到了手部的敏感期,需要父母多给孩子提供手部锻炼的机会;
- 孩子常常蹦个不停,你不让他跳,他还不乐意,就要顺应孩子的意愿,让他跳;
- 孩子开始对饭食、盛饭这件事产生兴趣,就要让孩子自己尝试独立吃饭。

在孩子敏感期到来的时候,父母该做的就是鼓励、支持,在孩子身后托他一把。

曾有妈妈问我:"罗老师,我家孩子快一岁了,还不会爬,天天训练他,可就是学不会,这可怎么办啊?"

孩子学爬行的敏感期是六至十个月,但是这个时间段只是一个平均标准,每个孩子都存在个体差异。就像有的孩子四个多月就开始长牙,有的孩子到八九个月才开始;有的孩子不到一岁就开始说话了,而有的孩子到了四岁多还说不清楚。因此,父母需要弄清楚,**养孩子可不是车站的列车时刻表,到点就发车。**也有很多父母担心,是不是一旦错过了敏感期就无药可救了?当然不会,只不过,错过得越晚,父母未来要花费的力气可能会越大。**早期教育最大的功能,就是帮助父母读懂孩子的成长过程,在合适的时候做合适的事情,让育儿变得更从容。**

了解孩子的心理发展特点

读懂孩子的心理发展特点也是非常重要的,这不仅有利于孩子的成长，还能减少亲子矛盾。对此，我的建议如下。

第一，在陪伴孩子的过程中，父母别显得"太聪明"。一定记得，和孩子一起玩时要克制自己的"聪明"，尽可能保证孩子是游戏的"主人"。这样才能给孩子发挥想象力留足空间，而孩子也可以在自己的想象中玩得更尽兴、更自主、更活跃。

第二，在亲子阅读中，父母需要学会适度"留白"。比如，不要认为每次把故事念完才算大功告成。可以在接近尾声的时候停下来，问问孩子"你觉得会是怎样的结果呢"，即让孩子试着自己去完成一个故事。

第三，想象力和知识从来不是死对头。想象力不是无源之水，它需要以必要的知识为源。如果没有知识，或者缺乏对人类通识的了解，那么无论有多大的脑洞也是无法想象的。因此，我们一直强调让孩子多体验、多探索，多给他们亲自动手去实践的机会。

第四，别随便给孩子贴标签，先读懂孩子想象力发展的敏感事件。比如，孩子的问题像连珠炮、孩子开始怕黑、孩子开始"撒谎"……这些不可怕，而是好事！陪孩子玩以下游戏，可有助于提高孩子的想象力。

- **过家家**。家务琐事可能会让父母觉得厌倦，却是孩子容易理解、分享或模仿的为数不多的大人活动。开始时，孩子可能只是想要一块布，然后就像大人用抹布一样地擦擦抹抹。渐渐地，他们就会假装自己是要承担做饭、打扫或照顾孩子等家务责任的大人了。
- **毛绒玩具**。不要因认为毛绒玩具太幼稚，或是娃娃不适合某些年龄或性别的而拒绝它们。这些玩具不仅是陪孩子睡觉的好伙伴、想象游戏里的角色（如茶话会或坐火车游戏里的人物），而且也能让孩子们借由玩具去试着体验父母的情绪（尤其是负面情绪）并表演出来。

- **角色扮演**。装扮有助于玩角色游戏，但是孩子既不想也不需要一身现成的消防员或护士制服来装扮自己。他需要的只是一些"道具"，至少对他来说能够体现角色身份就够了。帽子通常是重要的道具，孩子也可能会用到一些大人的衣物：大人的提包、公文包、购物篮、运动包，让孩子对相应情境更有代入感；大人的领带、太阳镜或跑鞋、旧衣服，让孩子觉得自己立刻成了小大人。有了这些"道具"，孩子就可以成为新娘、女王、海盗、英雄，以及一切他们想成为的角色。

尊重孩子

即使父母不了解孩子的心理发展特点，也没有时间系统地学习儿童心理学，也是可以读懂孩子的。前提是要尊重孩子。只要能尊重孩子，就能慢慢读懂孩子，甚至这比只是单纯地学习书本知识还实用。我列出10条尊重孩子的表现，你可以给自己打分。每条是1分，得6分算及格，请看看自己是合格的父母吗？

- 允许孩子沉浸在自己的世界中，不打扰、不分散注意力，不为了显示自己的重要性而打断孩子的活动。
- 若陪伴，就用心玩；若没心情，就稍等会儿。
- 好好说话，了解孩子的沟通方式，也告诉他你的沟通方式。
- 认为孩子良好的人格特质比聪明伶俐更重要。
- 不把孩子当作小大人、附属品或什么都不懂的小可爱，他是你的老师。

- 坦诚地和孩子交流你的想法和情绪，他能读懂。
- 以身作则，言传身教。
- 错误和问题都是学习的契机，鼓励和引导孩子自己去解决问题。
- 全盘接受孩子的情感情绪和敏感反应，但不能接受其所有的行为！
- 相信孩子，帮助他们完成心愿。

如何正确地引导孩子解决问题、战胜困难

孩子犯错再正常不过，连大人都常常接连犯错。犯错的原因大致可归为以下两类：

- 孩子还不具备做出正确决定和行为的能力，需要刻意练习；
- 父母对于孩子的错误常常表现得如临大敌，这会让孩子畏惧。

一位老师说："我们常常和问题一起打败孩子，而不是和孩子一起战胜问题。"我非常赞成这句话。如果你觉得孩子无法无天，只能靠语言暴力和体罚才能让他消停，那么我只能说，你已经开启了地狱模式！

要想改变一个人，有哪些方式？

- 训斥、责骂、侮辱，让他觉得自己一无是处。
- 打骂、暴力对抗、立刻戒断，让他觉得自己糟糕至极。
- 威胁、恐吓，让他胆战心惊，惶惶不可终日。
- 做好了才有奖励，做不好则没有，让他觉得自己必须不断努

力、必须做到完美才行。

- 爱他，读懂他的需要，让他感觉被接纳、被理解、被尊重，跟他好好说话！

显然，前四种方式都不是有效方法，而这些又恰恰是不少父母通常采用的方式：当孩子出现问题的时候，只是急着想要解决问题，而不是探寻问题背后的因果。随着孩子慢慢长大，父母就要更加努力去读懂他们、靠近他们、理解他们。

正确的做法是：父母需要在出现困难时，教给孩子战胜困难的方法，而不是随意发泄情绪；要引导孩子做出正确的决定，而不是代替他做出决定；要拥抱孩子所有的情绪，而不是跟他较劲！

切记，教育不是较劲。把孩子当作最值得尊重和学习的人，你会心怀感激，勇往直前！

22

师生关系观

自古以来,尊师重道是我国的传统美德。春秋时期的孔子,奠定了为师的楷模。荀子的"青出于蓝而胜于蓝"、韩愈的"师者,传道授业解惑也",迄今为止都在影响着我们。在众多的教育大家中,蒙台梭利最为强调师生关系对儿童成长的重要性。她认为,老师最重要的工作不是告诉孩子怎么做、做什么,而是为孩子准备有利于其发展的环境。

师生关系的重要性

新西兰教育学者约翰·哈蒂(John Hattie)用了15年的时间,对影响教学效果的因素进行了史上规模最大的实证研究——他检索了800多项元分析,涵盖了52 637项研究论文以及146 142个效应量,涉及不同国家、民族、社会地位和文化背景的学生近2.4亿人次,最终归纳出了138个影响学业成就的重要因素。这138个重要因素分为家庭、学生、学校、教师、教学、课程六类。最终得出结论:教师及反馈的力量是影响教育最重要的因素。其中,师生关系在138个重要影响因素中位列第11位。他用实证说明了一个众所周知的教育原则，这与中国先人所说的"亲其师，信其道"如出一辙。美国教师菲利普·比格勒（Philip Bigler）在《美国最优秀教师的自白》（*Be a Teacher*）一书中写道："掌握教学策略与技巧，不足以成就一名优秀教师；优秀教师让人充满希望，让人相信有一千个拥抱生活的理由。"这些都表明，真正让孩子爱上学习、拥有学业成就的，并不是教师讲授的知识和技巧，而是师生关系赋予孩子的源源不断的成长动机。

在现实生活中，和老师关系好的孩子，在学校的适应力、学业成绩和主动性也往往更高。孩子会因为一名老师而爱上一门课程，也会因为一名老师而厌学回家！无论是家庭教育还是学校教育，培养的都是人，目标是一致的。分歧在所难免，但办法总比问题多。既然师生关系对孩子的成长是至关重要的，那么父母就有理由和责任帮助孩子处理师生冲突。

一般来说，造成师生矛盾的原因如下：

- 老师恨铁不成钢，要求过严；
- 老师控制欲过强，方法简单粗暴；
- 老师教条死板，不允许被挑战；
- 老师不懂儿童发展心理，一切靠"堵"而不是"疏"；
- 有些老师真的不称职。

听上去都是老师的不对，但有些孩子也的确气人。难道孩子没有错吗？

孩子肯定有不对的地方，但在成长的过程中，错误和冲突原本是帮助孩子成长的，如果处理不当，就会成为其绊脚石甚至是精神枷锁。为人师者，有义务和责任让孩子更好地成长，因此，改正错误也应该由老师来做好表率、一马当先！

如何帮孩子建立良好的师生关系

父母无法改变老师的做法，又担心孩子被"穿小鞋"，此时的确是需要智慧的。如何帮孩子建立良好的师生关系？接下来，我将分享几条建议。

第一，总的原则是相信孩子，和孩子一起面对困难。 如果你经过调查确认老师做了伤害孩子身心健康的事，那我建议你去为孩子据理力争。因为不管孩子多大，他们都需要看见父母的爱和依靠！即使孩子调皮捣蛋、让你头大，但他依然期望得到你的肯定和帮助。你要让孩子懂得，我们需要尊重的不是某个权威，而是某种行为。

第二，如果孩子对某个老师有情绪，那么你别急着批评孩子，先问清楚。 其实，孩子不喜欢某个老师，常常并不是因为孩子多事，如果孩子与他人建立了良好的安全感，那么他是很容易与人建立良好的人际关系的。你可以去和老师单独聊聊孩子最近的情绪和一些想法，你很可能会发现，问题出在老师武断臆测了孩子，而父母想当然地认为老师了解自己的孩子。因此，问题在于沟通不到位，话说开了，就好办了！

第三，如果孩子不听老师的话，那么你先琢磨一下老师说了什么，孩子为什么不听。 尊师重道，前提是"道"是对的，"师"是值得尊敬的。如今社会发展如此之快，认知迭代随时都在发生，挑战权威并不是坏事，这能鼓励孩子不盲从、独立思考、有判断力，甚至会有开创性的成果。早期的脑科学研究表明，大脑到了一定年龄便不再发育，这个结论一直被奉为经典。随着科学技术和研究方法的发展，更多的科学家发现，大脑是终生可塑的。这表明，一切皆有可能！然而，这个结论直到很多年之后才被权威们接受，这条"忤逆权威"的道路一走就是几十年！

第四，保护孩子最重要。若真是因为师生关系导致孩子上学痛苦，而且一段时间后仍然无法解脱，父母也别强逼着孩子了。转学确实麻烦，但与孩子出了心理问题去治疗相比则简单得多。很多时候，我觉得不是孩子无理取闹、矫情，而是父母真的没有理解和感受到孩子的痛苦。这个过程是双向的，我们需要了解以下问题：

- 什么老师会给孩子带来这样的伤害？
- 这种情况是由孩子的敏感导致的，还是因为家庭教育中过于溺爱而使孩子无法承受挫折所致？
- 是否可以协调和改善？

遇到问题，批评谴责皆无用，找原因、找方法，才是解决问题的正确方式。

> **案例**
>
> 男孩，一年级。孩子每天写作业要写到晚上十点半，老师布置的作业多得吓人。其中，英语作业是在一个App上跟读，语速极快，连妈妈跟读都觉得有些吃力。而且，老师不仅要求学生跟读，还要求写下来。孩子每天写作业时能拖就拖，写几个字就不想再写了，甚至都不想上学了。对此，妈妈感到很崩溃。

无论是哪个年级的孩子，给他们留的作业及使用的工具都需要符合这个年龄段孩子的特点，否则无法发挥作业应有的作用。很多父母都能看到这一点，却没有勇气反抗。

对于这种情况，我的建议如下。

- 私下与老师就孩子作业完成困难的问题进行沟通。比如，可以这样和老师说："他完不成作业，您无须担心，我会让孩子跟上进度的（老师需要关注的是班级全体学生的成绩是否达标，而我们需要关注自己的孩子愿不愿意学习）。"
- 不要求孩子一定完成老师布置的作业，而是按照孩子自己的学习进度，慢慢前进。如果学校按照 1 米的速度前进，你就可以按照 50 厘米的速度带着孩子前进，频率快点，慢慢就追上了。

记住，他是你的孩子，你需要对自己的孩子负责！

第五，鼓励孩子与老师交流，表达自己的真实想法。前文提到，挑战权威并非坏事，但要提醒孩子注意方式方法，不要把挑战变成了挑衅，这就是沟通的态度和技巧的问题了。父母在家里要让孩子敢说，用正确的方式和孩子讨论问题。沟通的核心在于"沟"了要"通"，只有双方明确了共同的目标和达成的路径，并确定可以相互帮助和扶持，这才是真正的沟通。同理，孩子在学校也可以这样与老师沟通、表明心意。

良好的师生关系需要智慧，更需要学习。期待日后能提高对老师选拔的门槛，老师能更懂儿童心理学，也能更理解和关爱孩子；期待孩子可以真正受益于老师，成就学业；期待父母可以帮助孩子建立良好的师生关系。

老师亦父母，父母亦老师，目的都只有一个——成就孩子，使之成才、成功。

23

同伴关系观

同伴关系对孩子们的身心健康发展非常重要。随着孩子年龄的增长,同伴关系的影响也会越来越大。甚至有研究表明,在孩子步入中学阶段后,同伴的影响会超过父母。这是可以理解的,人的三大基本需求(安全感、归属感和成就感)中的两个都与同伴关系密切相关:从小学开始,孩子非常需要归属感,成就感也多半是在与同伴的互动中获得的。因此,"小团体、拉帮结派、义结金兰"都是这个年龄段孩子热衷的事情。如果安全感建立得足够好,那么孩子建立的朋友圈也多半不会跑偏;如果安全感缺失,那么同伴的影响也很可能是糟糕的,甚至是偏激的。

在同伴交往中,冲突是难免的,而且也是必要的。同伴关系中出现问题、解决问题的过程,恰恰是孩子快速成长的过程。

儿童同伴关系的发展规律及影响

让我们先来看看一至五岁孩子同伴关系的发展规律:

- 一岁半左右,孩子开始产生同伴接触的需要;

- 两岁左右，喜欢与同龄或稍大一点的孩子凑热闹；

- 三岁左右，进入平行游戏阶段；

- 三岁半，可以玩假想游戏（如过家家）；

- 四岁左右，开始玩合作游戏；

- 五岁左右，开始玩分享游戏、互助游戏。

同伴关系为今后的同学关系、同事关系、同辈关系和绝大多数同龄关系奠定了基础。在同伴交往中，孩子学到的是人与人交往的规则：服从（我听你的）、领导（你听我的）、合作（我们重新定规则）和竞争（我们都听第三个人的）。研究表明，好的同伴关系会显著增强个体的主观幸福感和成就感。

如何促进儿童同伴关系的发展

第一阶段：进入幼儿园

入园后，伙伴开始对孩子的发展起作用。在这个阶段，我推荐以下方式培养孩子的交友技巧。

- 让孩子感到安全、信任别人，这与亲子之间的安全依恋质量密切相关。

- 鼓励孩子参与幼儿园的各种活动。

- 如果孩子与幼儿园的小朋友发生争吵打闹，父母别太紧张，更不要小题大做。我一直认为如今很多小男孩太胆小，正是因为打架太少。事实上，孩子之间发生冲突的体验有利于孩子处理同伴关系和提高社交能力。

- 在教孩子处理矛盾时，要先强调不能用打架的方式解决问题；如果打别人了，就要道歉，并请求对方的原谅，还需要承担后果；如果被打了，那么，要是能自己处理就尽量自己处理。处理的方式有：让对方道歉、告诉对方你很生气、希望他管住自己的小手等。如果自己无法处理，就要告诉老师和父母。

- 教孩子认识并学会保护自己的身体，如眼睛和头很脆弱，不能碰；隐私部位不能随便摸，也不能让别人随便摸等。

- 如果孩子主动处理与小朋友的矛盾，家长要鼓励和赞扬，即使处理得不好，也要鼓励尝试。这表明孩子有主动解决问题的意识但能力有待提高，也意味着孩子的内心变得更勇敢。

- 在日常生活中，有意识地为孩子创造机会去参与社会生活。如带孩子在外吃饭时，可以鼓励孩子自己告诉服务员想吃什么菜等。这有利于培养孩子的勇气和自信，学会与人交往。

- 多带孩子外出活动，无论是室内还是室外的活动，都可以。孩子可以有机会接触不同年龄的同伴。

- 无论是自驾还是跟团，定期组织几家人一起旅行。

第二阶段：进入小学

进入小学后，同伴关系会发生一些变化。在这个阶段，我推荐按以下方式培养孩子的交友技巧。

- 同伴的质量很重要。学习差的孩子不一定不是好孩子，心理品质更重要。如果一个孩子善良、愿意分享、乐于助人，尽管有时候调皮捣蛋，也是好伙伴。

- 让孩子懂礼貌、知礼仪。

- 鼓励孩子在遇到冲突时表达自己的情绪和想法，而不是憋着不说。

- 教孩子在游戏中多说"需要我帮你吗""你能帮助我吗""让我们一起吧"。孩子们之间的交往往往建立在游戏的基础上，游戏可以教会孩子应对外界的常识及规则。"需要我帮你吗"展示的是一种积极的、主动承担的态度；"你能帮助我吗"不是示弱，而是一种懂得求助的能力；"我们一起吧"可以用在分享的时候，也可以用来提议某次协作。另外，当孩子初次融入一个陌生群体时，父母需要教会孩子询问"我可以跟你们一起玩吗"。同时告诉孩子，若被拒绝是很正常的，你可以找别人玩，或者稍后再试。

- 若孩子有攻击行为，就一定要及时制止，告诉他愤怒时可以怎么办，而不是不允许他愤怒。你可以对孩子说："当你感到特别愤怒、想打人的时候，可以试着离开，出去走一走；也可以喊两嗓子，甚至大声告诉对方'我生气了'。你可以握紧拳头，但不要把拳头打在别人身上。"

- 当孩子与同伴发生冲突的时候，恰是孩子学习处理同伴关系的好时机。父母这时可以引导孩子学会如何与人沟通，并且鼓励他继续交往。不要期望孩子很快就能掌握你教给他的技巧，但只要他开始尝试而不是退缩不前，你就要多鼓励。

- 尊重孩子选择的朋友，跟孩子交流你对他朋友的看法，让孩子学会更客观全面地了解他人。

伙伴，是如今孩子在成长过程中最缺乏的因素之一。孩子和同龄人接触得少，没有彼此的碰撞和摩擦，其实是巨大的缺憾。如果孩子与同伴发生了冲突，父母不能急于介入其中，更不能阻拦孩子去体验和寻找解决之道。有的父母在发现孩子和某个群体发生了矛盾后，为了保护孩子，往往会武断地阻隔孩子与群体的接触，减少孩子和同伴的游戏机会，这显然不是好办法。孩子不会因为被阻隔而减少问题，反而可能会更加好奇。

父母所担心的"被带坏"的情况，往往并不是完全由孩子之间不良行为的"模仿"所致，更多的是由孩子强烈的好奇心、探索欲与其薄弱的自我控制能力不匹配造成的。同伴关系是需要规则的，这些规则需要孩子自己去摸索，形成他们自己的认知，从而学会交朋友、学会相处，发展更健康的友谊。孩子之所以有时会做出一些让家长认为"出格"或"以前都很乖，不会这样"的事情来，也许是因为孩子太兴奋和好奇而忘记了规则，或者头脑中并没有这方面的规则。因此，不能完全把"罪责"都推卸到"不好"的同伴身上。从这一点来说，父母只有在平日有效地给孩子立规矩，并积极与孩子建立和谐的亲子关系，才能真正从根本上预防孩子的"出格行为"。

第五部分

教育雷区

24

快乐教育和放羊式教育

当我们开始孕育一个新生命的时候,内心最美好的祝福便是让孩子快乐。然而,生命的成长从来都不是容易的事情。随着年龄的增长,课业越来越重,孩子的压力也越来越大。很多父母都感慨:如今的孩子活着真累,趁着孩子还小,快乐就好,哪里有那么多的要求。父母的初心绝对没错。不过,**"快乐就好"**并不等于**"快乐教育"**。因为快乐教育的核心是教育,快乐是方法和手段,而"快乐就好"的核心是无条件的满足。那么,先让我们来了解一下,真正的快乐教育是什么?

何为快乐教育

快乐教育最早是由19世纪英国著名教育学家赫伯特·斯宾塞(Herbert Spencer)提出的。他说:"教育的目的其实就是让孩子过得幸福快乐,那么在这个教育的过程中,也应该让孩子感到快乐。"这里的"快乐"有如下含义:

- 如果父母生气或烦恼就不要再教育孩子了,因为父母一旦难以控制自己的情绪，就会很容易影响孩子的情绪；

- 如果父母发现孩子不是很开心，就不要再强迫他学习了，因为孩子在这种情况下，不但学习效果不太好，可能还会让孩子形成抵触的心理；

- 父母在工作下班之后，不要把工作中的不愉快情绪带到家里，而要让家中形成一种快乐、温馨的氛围，最好能和孩子有一些经常性的互动或游戏；

- 每个人都有优点和缺点，父母首先要做一个乐观的人，多看到孩子的优点，多夸奖鼓励，不要抓着孩子的缺点不放，不完美才说明孩子是正常的人。

斯宾塞在养育侄子小斯宾塞时产生了"快乐教育"的想法，其核心思想是要培养孩子的乐观，利用孩子的兴趣引导其快乐学习；培养其积极心态，建立自信；培养良好习惯、品性和意志力，最终实现自我教育。这也是顺性教育的目标，即在尊重孩子气质的基础上培养优秀的性格。

然而，当快乐教育席卷中国时，不少人都把"快乐教育"误解成了"快乐就好"，以为只要孩子高兴，就随他去吧！以后有那么多压力，何不趁着现在能快乐就多享受一些快乐呢？何必要把生活过得那么辛苦呢？这样一来，教育的本质没有了，只是虚有其表，从让孩子在快乐中学习变成了对孩子的所有要求都无条件满足。因此，当快乐教育风靡中国的时候，出现了一大批被宠坏了的小孩，甚至有人说"这是垮掉的一代"。

什么是快乐

什么是快乐？有一种定义是这样的：快乐是灵长类精神上的一种愉悦，是一种心灵上的满足，是一种发自内心由内到外感受到的非常舒服的感觉。

那么，你认为一个孩子会觉得无所事事地疯玩更快乐，还是通过自己的努力得到老师和父母的肯定更快乐？正如马斯洛的需求层次理论所述，人的快乐来自基本生理需求满足后感受到的安全、尊重、爱与归属和自我实现。我儿子五岁生日后，几乎每天都会问我一个问题："妈妈，我现在五岁了，是不是更厉害了？"人一旦学会了什么新本领，就会产生一种成就感，这样的快乐才是真正的快乐。

快乐是教育的手段和方式，教育本身并不容易，甚至有些辛苦，但肯定不是痛苦。因为孩子都是爱学习的，他们从"三翻六坐八爬十二走"，到现在和父母侃侃而谈、独立思考，哪一样不是学习来的？如果孩子不愿意学习，那一定是教育方法出现了问题，挫伤了孩子学习的主动性和积极性。

顺性教育的目的就是保护孩子与生俱来的学习热情。顺应孩子的天性，尊重其身心发展的规律，按照从简单到复杂、从具体到抽象、从实践到理论的规律引导孩子在快乐的状态下学习，让孩子体会生活的品质、生存的意义和生命的价值。感受不到快乐的孩子是不可能体会到生命的美好的，只会傻乐什么都不会的孩子更无法享受生命的美好。事实上，《斯宾塞的快乐教育》(*Spencer's Education*)一书中用大量篇幅论述的正是合格的父母最应该做的事情之一，就是培养孩子的道德、意志、品质和好性格，这与顺性教育殊途同归。

如何让孩子感到真快乐

如何能让孩子感到真快乐呢？我喜欢积极心理学给出的答案。清华大学的彭凯平教授一直致力于在我国推行积极心理学的理念，我也有幸与他交流过。我将他的"五施模型"，用在孩子身上，感悟如下。

- **颜施：让孩子常笑笑**。美国加州大学伯克利分校心理学教授达契尔·克特纳（Dacher Keltner）和他的学生李安妮·哈克（Leeanne Harker）博士对米尔学院（Mill College) 1960届毕业生的毕业照片做了分析并发现，照片上真心微笑着的孩子30年后的婚姻生活指数和自我评估幸福指数都更高。这从某个程度也印证了，爱笑的人运气一定不会差。

- **身施：让孩子多动动**。运动能让大脑分泌内啡肽，这不但能解除肌肉疲劳，还能让人心情舒爽。每天分泌一些，长年累月就会让孩子建立快乐大脑的习惯性反应。

- **言施：教孩子表达爱**。好好说话，温柔而坚定；积极沟通，赞美且鼓励。

- **心施：让孩子感受心流**。心流是完全沉浸在当下，物我两忘、如醉如痴、高度专注、无比喜悦的状态。父母不应打扰孩子的兴趣，静静陪伴。

- **眼施：多观察让孩子活在当下**。别嫌成长太慢，孩子一转眼就长大离开了；别急着追求执念，感恩和欣赏眼前的一点一滴，幸福就来了！一花一世界，一树一菩提，一沙一净土，一言一心境。

放羊式教育

与快乐教育相似的一种教养态度是"放羊式教育"。不少人以为,放羊式教育就是孩子想干什么就干什么,不要给太多的限制。有时候,对于孩子的不懂事或太放肆,父母会解释为"他还小"或者"这就是孩子的天性"。其实,这就是溺爱!

有人表示,如果孩子不曾体验痛苦的感觉,就无法发展"心理上的免疫力"。这就像身体免疫系统发育的过程。你得让孩子接触病原体,否则身体不知道如何应对进攻。孩子也需要接触挫折、失败和挣扎。

父母常出于好意,希望整个童年期替孩子消化掉所有的忧虑,却导致他们长大后不知如何面对挫折。孩子只有体验过正常的焦虑才会有适应性,面对挫折时才会有独立性。适应性和独立性是人立足于世的前提。如果你希望孩子幸福,就应该每天为其未来的离开做好准备。

法国启蒙思想家卢梭曾说:"你知道运用什么方法,一定能使你的孩子成为不幸的人吗?这个方法就是对他百依百顺。这样,当他碰到钉子时,他将比得不到所希望的东西都感到更痛苦。"父母之爱子,则为之计深远。

不溺爱的放羊式教育,才是需要去探讨的。

- **尊重孩子为人的权利,放下父母的意志**。尊重孩子为人的权利,不要用父母自己的感受取代孩子的感受,只有孩子觉得好才是真的好。
- **珍视孩子的天性,放下父母的期望**。没有差异化的教育就是抹杀孩子独立的人格和发展机会,每个人的独一无二都在于天性之异，世界之大却没有完全相同的两个孩子，所有忽略孩子先天气质的"同质性教育"都一定会适得其反、事倍功半，甚至会酿成悲剧。

- **孩子就是孩子，放下父母的标准。**老舍先生说："天底下最珍贵的、万万不可扼杀的就是孩子的天真，大人不能处处对孩子爱玩、好玩的天性进行束缚和强求，倘若小孩子在童年时期就呆板老成，一举一动就像个小大人，那我就真要落泪了！"父母希望孩子听话懂事，但越是过早懂事听话的孩子，越会早早失去自我的独特性，可心中的那份叛逆并不会消失，总会在某个时候爆发出来，因为这是本能。

- **做个保护小羊的牧羊人。**正如"亡羊补牢"的故事所讲的那样，没有羊圈保护的小羊是危险的。保护小羊是牧羊人的职责和义务。因此，要想养好羊，除了将羊带去辽阔的草原上，让其吃上美味的嫩草，还要给小羊修葺坚固的羊圈，让其健康地休养生息。

放羊式教育不是溺爱，也不是不管不问、任其发展的教育，而是在尊重孩子天性的基础上的适度放手，是在适度放手的基础上的心性引导，是在心性引导的基础上的性格塑造。放羊式教育的目标是让孩子拥有优秀的性格品质，成就自己，这也是顺性教育的目标。

25

起跑线上的"虎妈狼爸"

近年来,"虎妈狼爸"这样的词常出现在各种"鸡娃圈"。第一次知道"虎妈"这个词,是从《虎妈战歌》(Battle Hymn of the Tiger Mother)这本书,作者是美籍华裔蔡美儿。这本书连续数月位居美国畅销书榜首,吸引了几十家外媒的跟踪报道。"虎妈"本人还登上了《时代》(Time)杂志封面,引得无数专家为她的教育模式争论不休。"虎妈"为两个女儿制定了十大家规,自称"采用咒骂、威胁、贿赂、利诱等种种高压手段,要求孩子沿着父母为其选择的道路努力"。这种异常严格的教育里是强大的母亲意志和坚定的自我立场。我没有从她的教育中看见孩子的影子。印度著名教育学家克里希那穆提(Krishnamurti)认为,不能解放孩子灵魂的教育便不是真正的教育。"虎妈"的教育着实让我捏了一把汗!

从大家津津乐道的几件事中,也能看出"虎妈"的强悍。

- 大女儿索菲娅和小女儿路易莎有一次为妈妈准备了生日贺卡,妈妈却只是看了一眼就把它扔掉了,原因是贺卡做得太糟糕,妈妈觉得"我理应得到更好的"。你觉得这样会伤害孩子的自尊心吗？

- 索菲娅在一次数学竞赛中名列第二，妈妈非但没有表扬，还逼着孩子每天晚上做2000道数学题，直到在竞赛中夺回第一。你觉得这样做题会让孩子非常兴奋吗？

- 路易莎练琴的时候，被要求从傍晚一直弹到深夜，这期间不准喝水、吃饭、上厕所。你觉得有几个孩子能坚持下去？

- 每当路易莎大哭大闹甚至将乐谱撕得粉碎时，妈妈都会淡定地将乐谱粘好，然后将路易莎最喜欢的玩具拖到她面前进行威胁："如果明天还是弹不好，我就会把这些玩具一个一个地捐出去。"如果后天也弹不好，路易莎就再也收不到圣诞礼物了。如果大后天也弹不好，那么连生日派对也不办了。这时的路易莎才不过七岁。你觉得这是有效的惩罚方式吗？

据说蔡美儿的两个女儿后来都非常优秀，毕业于世界名牌大学，而且性格开朗，活得精彩。这也是"虎妈式教育""经久不衰"的原因。

反思"虎妈式教育"

弊端

也许现在下结论还为时过早，对于"优秀""成功"的概念，本来也是一个人一个想法，很难统一。"虎妈"之所以这样教育孩子，多少让人看到了华裔移民的焦虑、文化冲突中移民的挣扎、自我实现、草根逆袭的愤怒、望女成凤的夙愿，以及毫无选择的悲哀。

然而，我非常不推荐这种教育方式，因为目前的结果只是属于那个年代蔡美儿一个人的胜利，十几年来无数心理学家的研究结果更多地证明了，这样的方法基本上会毫无悬念地毁掉一个人。对此，我想从几方面来剖析。

第一，临床心理学、犯罪心理学、人格心理学、发展心理学等研究表明，专制型的教养方式不利于儿童的身心健康发展，这些孩子大多自卑、焦虑、退缩、依赖、缺乏热情，更糟糕者会伤害自己和他人，形成反社会人格。严苛要求可以在极小百分比的孩子身上起到作用，却会给极大百分比的孩子带来莫大的伤害，所以这种做法极不可取。而且，这两个女孩今后真实的人生如何，尚待事实来验证。

第二，时代不同了，孩子们的心理状态也不一样。以前"棍棒底下出孝子""不打不成器"的打骂教育是有当时的时代背景的，并不适合现在的孩子。现在的环境太复杂，家庭教育的价值观混乱，所以孩子常常更焦虑、更容易走极端、更容易被影响。一旦造成损失，就无法挽回了。这是父母需要警惕的。

第三，并不是每个孩子都是索菲娅和路易莎。每个人的天生气质差异大，后天养育方式不同，环境也不同。养好了，孩子就能活出自己、成就自己；养坏了，孩子成了别人，毁了自己。不过，一定要明确的是，养育孩子的目的是什么。

可取之处

当然，我们也要看到"虎妈式教育"的可取之处，尤其是放在如今的家庭教育中来说明，我认为是有必要的。

第一，**给孩子树立规则是有必要的**。在如今的家庭教育中，父母在给孩子立规则时常有几个误区。

- 没规则，所谓的"快乐就好"。
- 处处设定规则，但所有的规则都是在告诉孩子不能做什么，而不是能做什么。
- 规则太严，缺乏灵活性；规则太多，孩子很难做到或者标准太高，一次做不到就会受惩罚。
- 虽然立了规则但形同虚设，孩子一哭二闹，就不了了之了。
- 把规则当成了控制。

规则和控制有如下区别：

- 规则是告诉孩子可以做什么，控制是告诉孩子你只能按照我说的做；
- 规则下的成功会获得自信，控制下的成功会越来越自卑；
- 规则让孩子发挥创造力，积极解决问题，控制让孩子逆来顺受，没有追求；
- 规则一定要有，好规则是引导，坏规则是控制。

规则真正的价值在于帮孩子形成自控和习惯，这是核心，真正的自由来自自律，而不是为所欲为。不要像蔡美儿那样制定规则，应该根据孩子的不同气质类型来制定养育方法，这样的规则才能真正体现个性化教育的本质。

第二，让孩子知道，勤奋、努力是成就自己必不可少的性格品质。"溺子如杀子，慈母多败儿"。生活富裕的目的不是让孩子笨了手脚、懒了头脑，而是让孩子有更多体验成败的机会。如果你不让孩子体验刹那间的困惑，给他一点时间，让他明白发生了什么（"哦，我跌倒了"），让他先适应跌倒的挫折感，并试图自己爬起来，他就会知道难受是什么感觉，以后在生活中遇到麻烦时该如何应对。只有在应对了挫折感和难受之后才能体会到幸福感，才能在以后的生活中独自应对挫折，安抚自己。

因此，重要的事情还是要反复强调：

- 培养孩子勤奋、努力，要遵循孩子天生的气质特点；
- 父母要信任孩子，为他们提供自我实现的舞台，而不是"霸占"在他们的舞台上舍不得下来；
- 成功的衡量标准不是只有名声、名校和名誉，更重要的是内在的幸福感和成就感。

反思"不能输在起跑线上"

说到"虎妈式教育"，我还想起了这些年风靡中国的另一种养育观点——"不能输在起跑线上"。华东师范大学的一位教授的文章中提到的一个案例，我觉得是对这一观点的最好诠释。一家六个大人，从孩子被孕育的那一刻开始，一切都是按照最靠前的那条"起跑线"做准备的：用最好的奶粉、找最贵的保姆、玩最高级的玩具、上最好的幼儿园、时刻保持整洁干净和贵族气质、不能有任何顽皮淘气、不能有自己的不愿意，一切都是最完美的安排。结果，孩子四岁时却出现了面部痉挛、眨眼歪嘴的症状，并且慢慢变得不可控制。父母这才着急忙慌地带他去医院，结果孩子被诊断为抽动症。

抽动症属于神经类疾病，其病因与遗传、神经生理、环境因素等都有关，但情绪因素，尤其是父母对孩子过高的要求、过多的责备，母亲常有的神经质、精神上的不安静或过多的干预，以及焦虑和紧张等情绪有极大的相关性。如果一些孩子天生敏感、要求高、固执，就更容易罹患抽动症。

文中说，爸爸妈妈觉得不可思议，他们都安排好了一切，孩子还有什么可焦虑的呢？正如我常说的那句话："孩子还没来得及起跑，就已经摔倒在起跑线上了。"

我从来不认为有什么起跑线，因为孩子从出生开始就不是一张白纸。他们天生气质不同，禀赋各异，不可能站在同一个起跑的位置上。我们喜欢拿自己跟别人比，也喜欢拿自己的孩子跟别人的比！

只要是比，就会有两个结果——比得过和比不过。比得过，骄傲，有时候还会目中无人，遇到谁就要踩扁谁；比不过，挫败，有时候还会怨天尤人，嫉妒得要死。这对于孩子来说，尤其不公平。不妨看看绘本《山羊学游泳》，把道理讲得很透彻。

法国法学家、思想家孟德斯鸠说："如果你仅仅想要幸福，那么这一点也不难；难的是我们总期望比别人更幸福。"如果你发现心里总是不平衡、爱生气、看谁都比自己好，那就学着静下来，让别人慢慢退出你的舞台，平心静气，重新认识自己！

同理，教育心理学的研究结果表明：**原则上讲，孩子在学习上是没有困难的，困难都是比较出来的！**若你发现孩子处处都是问题，愁得不行，那就试着静下来，把隔壁老王家的孩子撵出你的视线，客观公正地重新认识你的孩子！

人生是一场长跑，哪里都可以是起点。成功不在于速度有多快，而在于能否跑到终点。如果急功近利、急于求成，或奉行"拿来主义"、不辨糟粕，那么我们苦心培养出来的孩子，很可能会因为内心除了感到疲累外，无法感受到爱和力量，在人生的任何一个十字路口迷路，在任何一个拐点失控。

如果真的非要说有这条起跑线，那一定是父母的格局和高度、远见和人格。这并不是说，只有获得博士学位的父母才能做好，学历很高的糟糕父母也有一大堆。如果父母能谦虚认真地跟随孩子的脚步，用心陪伴孩子一起成长，适时引导一张一弛，那么即使孩子可能在某些硬件方面落后，也必将迎头赶上，飞奔起来。

因此，如果你有"不要输在起跑线上"的想法，那么不妨听听我的建议。

- **学着放下你的焦虑**。如果无法预测未来，那就请过好当下。让孩子感受当下的力量，获得成长的勇气；因为不能改变过去，请活在当下，珍惜和孩子在一起的每时每刻，有爱也有规则。
- **允许孩子活成自己**。人与人本不具有什么可比性，每个孩子都是独一无二的，都可以活出自己的精彩，无非是别人家的孩子是春天的桃花，你家的孩子是冬天的蜡梅。你若盛开，清风自来。

26

"成绩唯一"下的望子成龙

望子成龙是可以实现的吗？当然！顺性教育的目标就是成才、成功。不过，要区别以下两点：

- 成龙的标准是什么？孩子是父母眼中的龙还是他自己眼中的龙？
- 望子成龙的正确打开方式是什么？

龙是我们创造出来的形象，象征力量、成功、权力、地位。父母期望孩子长大成人后光宗耀祖、荣耀门楣，这本是无可厚非的。然而，如果方法不对，父母的望子成龙就会成为孩子最大的噩梦。

> **案例**
>
> 一位妈妈花费12万为儿子"培优"，几年过去了，当时自信的妈妈如今却在朋友圈哀叹：当初的"学霸"儿子竟变成了"学渣"。孩子从半岁到五岁，就已受过英语、数学、识字、声乐、钢琴、围棋、画画等17项培优。五岁时已学完

了小学二年级的全部课程，五岁半就在某培优机构组织的小托福考试中获得了全国前三名的成绩。这曾让妈妈非常骄傲。孩子刚读小学一年级时，学习成绩还是很优秀的。可是慢慢地，孩子厌倦了，因为老师讲的课本知识他都会。这样又过了一年，男孩的学习成绩开始慢慢下降，他变得厌学、上课不听讲、课后作业不好好完成，从尖子生变成了中等生。最后，连孩子的老师都劝家长必须停下所有的培优班，跟着班级的进度来，重新培养学习动机。

德国著名存在主义哲学家卡尔·雅斯贝尔斯（Karl Jaspers）曾说："教育是人们灵魂的教育，而非理智、知识和认识的堆积。"

成龙的标准是什么

知识的堆积不会让孩子成龙成凤，盲目培优更不靠谱。望子成龙就应该尊重孩子的气质，让孩子在适当的年龄做最适当的事情，以培养他们健全的人格和优秀的性格。因此，这也回答了第一个问题：成龙的标准是什么？那些"什么都会、比别人学得多、可以拿出来炫耀的孩子就是一条龙"的认知，还是淘汰了吧，这不会养出一条龙。在这种状况下长大的孩子，从小就失去了学习动机，消极情绪更多，没有养成良好的性格，承担着本不该属于这个年龄的压力，他们会变得退缩、悲观、怨恨、愤怒，到了青春期很可能会出现放弃自己、放弃一切的想法和行为等极端情况。

对孩子合理的期望，能成为他们努力的动力，若期望过高，则会灼伤孩子，最惨的结果就是寸草不生。

> **案例**
>
> 一位大学老师,谈吐很有修养。儿子上小学三年级,各方面的表现一直都很稳定。可是这位妈妈却问我:"我一直想不明白,为什么我儿子好像总对自己没信心。其实,我一直觉得他应该会是个优秀的孩子,所以我尽量在他的面前做个好的领路人。每当他取得好成绩的时候,我都会帮他整理思路,让他看到下一步的目标应该是什么。我不断地对他说,只要他肯努力,就能做得更好。"
>
> 听起来,这位妈妈做得很好,但她也承认,自己对孩子抱有较高的期望值。每天早上,甚至连孩子的发型这种小细节她都会说两句。孩子慢慢就会发现,即使我很努力,也总有做不完的事情和达不到的标准。时间久了,孩子自然没了斗志,没了自信,内心充满挫败感。

望子成龙的正确打开方式是什么

要想让孩子成龙、成凤,父母都做了什么?

> **案例**
>
> 韩剧《天空之城》演绎了生活在最高阶层的家长们是如何为了孩子的成功而付出一切的。其中一个家庭,妈妈精明能干,爸爸事业有成,儿子考上了首尔大学医学院,这在剧中是神一样的存在。可是,这样令人羡慕的妈妈,却在飞舞着雪花的静夜里开枪自尽了!原来,父母为逼迫儿子学习,

动辄打骂，甚至不惜举枪指头进行威胁。结果，儿子在考上大学后开始叛逆，竟和从小带过他的保姆私奔。这让妈妈难以承受，于是举枪自杀。

弗洛伊德说过，未被表达的情绪永远都不会消失。它们只是被活埋了，有朝一日会以更丑恶的方式爆发出来。

我特别喜欢中国著名漫画家蔡志忠先生关于望子成龙的一句话："父母望子成龙、望女成凤，不是去要求他，而是去帮他完成他的梦想。"望子成龙本没有错，但打开方式很重要。尊重孩子先天的气质，用快乐的方式培养孩子优秀的性格，而不是一味地苛责、强迫和压抑孩子的天性，把自己的面子、期望凌驾于孩子真实的需要和自我实现的目标之上，真正做到顺性教育，这样每个孩子才能活成自己期望的样子，对于他们的人生来说，便是成了真正的龙。

案例

湖南卫视的一档节目《少年说》让孩子鼓起勇气对父母说出心里话。其中，一个女孩控诉"爸爸的爱太压抑"，给我留下了深刻的印象。她说："在爸爸的眼里，我必须学习好，成绩考到全班前三名。不管什么原因，只要我考试成绩不理想，他就会说我'什么都不行''不努力''没出息'之类的话。可即使我考得不错，爸爸也从没夸过我，我感到好委屈和压抑。"爸爸说，他这样做是为了让女儿更加优秀。

一项调查显示，近七成的家长认为"学习好"是好孩子的标配,也是教育的目标。如果父母把学习成绩当作衡量孩子成功与否的唯一指标,那么可以肯定地说,至少有80%的孩子会丧失学习动机、拖拉磨蹭、敷衍应对,甚至通过早恋、破坏校纪校规、放弃学业等方式表达抗议。这样的孩子即使今后考上名牌大学,也会出现一系列的心理问题。迄今为止,一门心思只在乎孩子学习成绩的父母并不在少数,这种情况令人不安和焦虑。学习心理学的研究表明,学习成绩好需要智力因素和非智力因素共同起作用。通俗地说,就是只要不笨、愿学,就不会差。出类拔萃是要有天赋和基因支持的,第一名永远只有一个。一项持续20年的跟踪研究表明,最成功的人往往不是班上学习最好的人,而是排名在7~21名的同学。这也正是朱永新老师在《未来学校》一书中说到的:**"未来学历不重要,学力才重要。"**你会发现,成功的人是会学习、爱学习的人,而不是考试分数最高的人。如果我们衡量孩子好坏、优秀与否的标准只有成绩,那么这个孩子可能会早早就被打入地狱了!

美国心理学家大卫·埃尔凯特(David Elkat)说过:"无论一个人的生活环境如何,当好父母,最基本的是要给孩子两样东西——根和翅膀。""根"就是我们一直强调的、孩子最本质、最真实的样子,就是他先天的气质,需要父母尊重、保护和欣赏;"翅膀"则是我们通过引导孩子的情绪、培养孩子的习惯、发展他们的兴趣、坚强他们的意志,最终形成的优秀性格品质。这才是望子成龙的正确打开方式。

纪伯伦说:"你的儿女,其实不是你的儿女;他们是生命对于自身渴望而诞生的孩子;他们借助你来到这个世界,却非因你而来;他们在你身旁,却并不属于你。"所以,**用顺性教育的方式望子成龙,孩子才能成为真正的龙。**

北京阅想时代文化发展有限责任公司为中国人民大学出版社有限公司下属的商业新知事业部，致力于经管类优秀出版物（外版书为主）的策划及出版，主要涉及经济管理、金融、投资理财、心理学、成功励志、生活等出版领域，下设"阅想·商业""阅想·财富""阅想·新知""阅想·心理""阅想·教育""阅想·生活"以及"阅想·人文"等多条产品线，致力于为国内商业人士提供涵盖先进、前沿的管理理念和思想的专业类图书和趋势类图书，同时也为满足商业人士的内心诉求，打造一系列提倡心理和生活健康的心理学图书和生活管理类图书。

《孩子的一生早注定：跟奶舅学幼儿习惯养成》

- 杨焕明院士、刘焕彬院士作序推荐。
- 中科院幼儿成长指导项目专家、微博十大科普大 V 奶舅吴斌倾心之作。
- 张侃、张思莱、蒋佩茹、邢立达、@六层楼先生、@牙医 Lina 联袂推荐。
- 近 10 年行为决策研究，4 年追踪研究近 200 个幼儿及家庭，严选近 30 个真实案例，详尽剖析养育大环境中的 6 个常见误区、不可忽视的 8 个养育现象、养育者的 5 个错误养育习惯，结合幼儿发展的 3 个层次，教幼儿养育者培养幼儿好习惯，提高幼儿 3 大能力。

《聪明养育：给孩子更好的父母》

- 张怡筠、张思莱作序推荐，樊登、王凯、倪萍、刘璇倾情推荐。
- 提供一套实用养育模型，分别从教育观、方法论、实操法、工具箱四个方面切入，在缓解父母焦虑的同时提高认知、优化教育思维，分享多种有效解决问题的实操技巧与方法，让父母在养育过程中少走弯路，实现聪明养育、轻松养育。

《儿童成长之谜：影响父母育儿观的50个迷思》

- 儿童教育是各类伪科学的重灾区。本书从孕期、认知、情绪、社会环境四个领域，总结了流行的五十个育儿错误观念，至少可以避开市面上百分之八十的忽悠。

- 打破最常见的儿童发展神话，揭示关于孩子成长过程中的50个谜团和误解背后的最新的循证科学，介绍了科学背后的主题，如双重心灵感应、性别预测和虚构的朋友等，涵盖了很多热点问题，如儿童疫苗、被打屁股、"超时"和大龄儿童的母乳喂养特色等，包括参考的众多流行文化和抽象的流行电视节目、电影中的例子。

《亲子关系游戏治疗：10单元循证亲子治疗模式（第2版）》

- 基于30年实证研究的游戏治疗权威指南，惠及千万家庭；缓解亲子关系压力、冲突及焦虑，有效提升孩子自尊与自信。随书配有培训手册、家长手册、实践手札。

- 作者作加里·L.兰德雷思博士和休·C.布拉顿博士是北美游戏治疗的领军级人物，创立了北得克萨斯州大学的游戏治疗中心。

《好玩的沙盘游戏作文：开启情智，完美写作》

- 用可视化的沙盘游戏，引导孩子流露真情实感，让孩子对作文写作不再头疼，家长不再无措。

- 30多个详尽而生动的沙盘游戏作文操作案例，让孩子举一反三，享受轻松写作的同时提高情智。

- 本书将沙盘游戏与作文完美结合，遵循《义务教育语文课程标准（2011年版）》要求，从与沙和沙具对话开始，到练习说话、写话，再到练习写作，有效疏导孩子的情绪，解决作文难题，陪育情智，实现寓教于乐、玩中学、学中悟、悟中成长。